Christof Dejung, Thomas Gull,
Patrick Kupper, Pascal Unternährer

Jahrhundert-Schweizer

Christof Dejung, Thomas Gull,
Patrick Kupper, Pascal Unternährer

Jahrhundert-Schweizer

50 bedeutende Schweizerinnen und Schweizer

bmg buchverlag

Alle Porträts sind im Rahmen der Serie
«Jahrhundertschweizer» 1999 in der Coopzeitung
erschienen.

©

2000 bmg buchverlag, Basel

Alle Rechte vorbehalten

Umschlaggestaltung: Mathias Alge, Basel

Autorenfoto: Barbara Hiltbrunner, Altdorf

Satz, Lithos, Druck: Basler Zeitung, Basel

ISBN 3-905352-00-1

Inhalt

Vorwort

Was haben Elisabeth Kopp, Ferdy Kübler und Niklaus Meienberg gemeinsam? Sie alle sind Jahrhundert-Schweizer. Wir haben sie porträtiert, genauso wie 47 weitere bedeutende Schweizerinnen und Schweizer des 20. Jahrhunderts. Was macht eine Persönlichkeit zum Jahrhundert-Schweizer, zu einer Jahrhundert-Schweizerin? Diese Frage haben wir uns im Herbst 1998 gestellt, als die Coop-Zeitung an unser Pressebüro «geschichte jetzt!» herantrat mit der Idee, eine Serie mit 50 herausragenden Schweizern des 20. Jahrhunderts zu gestalten. Die Persönlichkeiten sollten aus allen Bereichen der Gesellschaft kommen: Sportlerinnen sollten ebenso vertreten sein wie Wissenschafter, Politikerinnen, Künstler oder Unternehmer. Sie sollten aus allen Teilen des Landes stammen. Und da nicht nur Männer in den vergangenen hundert Jahren Geschichte geschrieben haben – auch wenn sie im historischen Bewusstsein viel präsenter sind –, sollte jede dritte porträtierte Persönlichkeit eine Frau sein.

Anhand dieser Kriterien wählten wir zusammen mit der Redaktion der Coop-Zeitung aus einer Liste von rund 200 Kandidatinnen und Kandidaten jene fünfzig aus, die unserer Ansicht nach das 20. Jahrhundert in seiner Vielfalt und Widersprüchlichkeit am besten repräsentieren. Das ging nicht ohne heftige Diskussionen und Auseinandersetzungen. Warum sollte ausgerechnet der und die dabei sein, nicht aber jener? Und ob diese und jene wirklich eine Jahrhundert-Schweizerin sei, sei doch sehr fraglich.

Schliesslich einigten wir uns auf die 50 Persönlichkeiten, die wir in diesem Buch vorstellen. Eine Auswahl, wir wissen es, die nicht anders als subjektiv sein kann. Dennoch sind wir überzeugt, eine Liste zusammengestellt zu haben, die stellvertretend stehen kann für dieses Jahrhundert der Weltkriege, des rasanten technologischen Fortschritts und der oft hart geführten sozialen Auseinandersetzungen, des steigenden Wohlstands und der ständig wachsenden Bedeutung der Massenmedien und der Freizeitkultur.

Bei den Leserinnen und Lesern der Coop-Zeitung stiess die Jahrhundert-Schweizer-Serie auf reges Interesse, wie eine Umfrage zeigte: Die Jahrhundert-Schweizer lagen in der Gunst der Leser auf Rang zwei. Und viele Leserinnen und Leser äusserten sich in Briefen zu den Personen und unseren Beurteilungen. Es gab Lob, oft aber auch Kritik und geharnischten Widerspruch. Das hat uns gefreut. Was kann einem Rückblick Besseres passieren, als Diskussionen darüber auszulösen, welche Personen und Aspekte der Vergangenheit erinnerungswürdig und damit zukunftsweisend sind und welche nicht? Einige der Leserbriefe haben wir in unser Buch aufgenommen.

Unsere Jahrhundert-Schweizerinnen und -Schweizer haben in der einen oder anderen Weise den Gang der Geschichte beeinflusst. Sie wurden aber auch ihrerseits von den Ereignissen geprägt. Denn wer würde sich heute noch an Henri Guisan erinnern, wenn nicht der Zweite Weltkrieg ausgebrochen wäre? Und was wäre aus Heidi Abel geworden, hätte nicht das neue Medium Fernsehen ihr Gesicht in sämtliche Stuben der Deutschschweiz getragen?

Wir präsentieren in diesem Buch denn auch nicht nur bekannte Persönlichkeiten, sondern auch solche, die trotz aussergewöhnlicher Leistungen wieder vergessen wurden. Bei den Frauen nehmen wir in Anspruch, einige Wiederentdeckungen gemacht zu haben, wie die Frauenrechtlerin Helene von Mülinen oder die «Soldatenmutter» Else Züblin-Spiller. Vielfach waren diese Menschen zu Lebzeiten populärer und bekannter als die meisten Bundesräte, heute sind sie aber nur noch wenigen Eingeweihten ein Begriff.

Noch eine Bemerkung zum «Gebrauch» dieses Buchs: Wir haben die Porträts chronologisch angeordnet. Ausschlaggebend war dabei jeweils ein Ereignis, das wir als zentral für das Wirken der porträtierten Person ansehen. Wenn die Porträts nacheinander gelesen werden, entsteht so eine Geschichte der Schweiz im 20. Jahrhundert – wie in einem Film, wo aus verschiedenen Momentaufnahmen ein bewegtes Bild wird. Die prägenden Taten unserer Jahrundert-

Schweizerinnen und -Schweizer sind auch in unserer Jahrhundert-Chronologie vermerkt. Die Porträts können natürlich auch jedes für sich gelesen werden, als Kurzbiografien.

Nun wünschen wir Ihnen beim Lesen ebenso viel Spass wie wir beim Schreiben hatten. Und wenn Sie mit unserer Auswahl nicht einverstanden sind, so können Sie mit Hilfe der Liste unserer rund 200 Kandidatinnen und Kandidaten im Anhang immer noch Ihre eigenen Jahrhundert-Schweizer zusammenstellen.

Die Autoren

Die Frauenrechtlerin

*Helene von Mülinen war zu Beginn
dieses Jahrhunderts die ungekrönte Königin der
Schweizer Frauenbewegung.*

Ganz Bern strömte herbei, um Helene von Mülinens Rede über «die Stellung der Frau zur sozialen Aufgabe» zu hören. Dass für einmal nicht eine Engländerin oder eine Welsche, sondern eine Frau aus der eigenen Stadt öffentlich zum Thema Gleichberechtigung sprach, wirkte 1897 wie ein Magnet. Der grösste Saal der Stadt war zum Bersten voll.

Von Mülinens Forderungen wirkten damals revolutionär: die Wählbarkeit der Frauen in Schul- und Armenbehörden oder das Recht auf Berufsbildung: «Einen Beruf haben, das ist das grosse Postulat der modernen sozialen Frau. Sie muss ein Arbeitsgebiet besitzen, wo ihre Persönlichkeit sich verantwortlich fühlt.»

Helene von Mülinen sprach aus Erfahrung. Ihr, die aus einem altbernischen Patrizierhaus stammte, war eine reguläre Ausbildung verwehrt geblieben. «Die Patrizier fanden damals, dass eine studierende Frau an Weiblichkeit verliert», meint die Theologin Doris Brodbeck, Verfasserin einer Biografie über von Mülinen.

Die junge Frau litt unter dieser Benachteiligung: «Mein ganzes Leben lang hat Gott mir mit der einen Hand Dinge hingehalten, die er mir mit der anderen wieder nahm –, gab mir Männerbestrebungen und schloss mich in einen Käfig von Vorurteilen ein, die keine Kraft zu sprengen vermocht hätte», schrieb sie 1889 in einem Brief.

Die Wende kam, als sie ihre Lebensgefährtin Emma Pieczynska-Reichenbach kennen lernte, die sie mit dem Gedankengut der amerikanischen Frauenbewegung bekannt machte. Gemeinsam gründeten sie die Berner «Frauenkonferenzen» und waren während mehreren Jahren im Vorstand der internationalen «Fédération abolitionniste» der englischen Feministin Josephine Butler tätig. 1896 organisierten die beiden Freundinnen in Genf den ersten Frauenkongress auf dem europäischen Festland, der zum Vorbild für viele ähnliche Kongresse in allen Ländern Europas wurde.

Im März 1900 wurde auf von Mülinens Aufruf der erste nationale Frauenverband gegründet, der «Bund schweizerischer Frauenvereine». Die charismatische Bernerin wurde die erste Präsidentin des neuen Bundes. Ihr Einsatz galt nun mehr und mehr der Einführung des Frauenstimmrechts: «Und wenn Sie mich erschrocken fragen, ob wir Frauen etwa gar glauben, es könnte in ferner Zukunft einmal jemand von uns Bundesrat werden, so möchte ich die Gegenfrage stellen: Warum nicht?», meinte sie 1908 in einem Vortrag.

Nach dem Ersten Weltkrieg führten viele umliegenden Länder das Frauenstimmrecht ein. Doch die Schweizer Männer wollten nichts von politisierenden Frauen wissen. In mehreren kantonalen Abstimmungen zu Beginn der zwanziger Jahre lehnten sie das Begehren ab.

«Die direkte Demokratie wurde zu einem Hemmschuh für das Frauenstimmrecht», meint Doris Brodbeck. «Einzelne kantonale Parlamente wären nämlich schon zur Jahrhundertwende bereit gewesen, den Frauen dieses Recht zu gewähren.»

So aber dauerte es nach von Mülinens Tod noch fast ein halbes Jahrhundert, bis den Frauen der Einzug ins eidgenössische Parlament gewährt wurde. Und gar sechzig Jahre bis zur Wahl der ersten Frau in den Bundesrat.

Christof Dejung

Helene von Mülinen: *Bern 27.11.1850, †Bern 11.3.1924, Vorkämpferin der Frauenbewegung.

Zum Weiterlesen

Doris Brodbeck: Hunger nach Gerechtigkeit. Helene von Mülinen (1850–1924) – eine Wegbereiterin der Frauenemanzipation. Chronos Verlag, Zürich 2000.

Sibylle Hardmeier: Frühe Frauenstimmrechtsbewegung in der Schweiz 1890–1930. Argumente, Strategien, Netzwerke und Gegenbewegung. Chronos Verlag, Zürich 1997.

Der Müeslimacher

*Der Zürcher Arzt **Max Bircher-Benner***
hat das Birchermüesli erfunden und unsere
Essgewohnheiten revolutioniert.

Spott und Tadel erntete Maximilian Oskar Bircher-Benner, als er erstmals öffentlich erklärte, Getreide, Früchte und Gemüse seien hochwertigere Nahrungsmittel als Fleisch. Das war im Januar 1900 im Zunfthaus zur Saffran vor der Zürcher Ärztegesellschaft. Birchers These stiess auf die einhellige Ablehnung seiner Berufskollegen. Kein Mensch könne soviel Gemüse essen, befand einer der Zuhörer.

Der damals 33-jährige Arzt liess sich nicht beirren. Zum Glück, wie wir rückblickend feststellen können. Heute gilt Bircher-Benner als Pionier der Alternativmedizin und Wegbereiter der Vollwertkost. Der Historiker Albert Wirz charakterisiert ihn als «Querdenker und Dickkopf, der seinen eigenen Beobachtungen und Erfahrungen mehr traute als den gängigen Lehrmeinungen».

Bircher-Benner, Notarssohn aus Aarau, wurde im 19. Jahrhundert gross, dem Jahrhundert des Fleisches. Fleisch war die bevorzugte Nahrung des gehobenen Bürgertums und wurde auch von den Wissenschaftern als das wertvollste aller Nahrungsmittel angesehen. Früchte, Gemüse und Getreide galten als minderwertig.

Bircher-Benner stellte diese Hierarchie kurzerhand auf den Kopf. Nicht Fleisch, sondern «Sonnenlichtnahrung», das heisst eben Früchte, Gemüse und Getreide sollten die Menschen vor allem essen, forderte er. Und dies in möglichst unverändertem, naturbelassenem Zustand.

Was für uns heute wie ein Gemeinplatz klingt, war damals bahnbrechend. «Mit dieser Umwertung hat Bircher-Benner auch einen Beitrag zur Feminisierung unserer Ernährung geleistet», findet Wirz, «Fleisch war eine Männerspeise, deren Vorrang die patriarchalen Gesellschaftsstrukturen spiegelte.»

Berühmtestes Produkt der Ernährungsphilosophie Bircher-Benners ist das «Birchermüesli», das seinem Schöpfer einen unvergänglichen Platz in der Ernährungsgeschichte und den Wörterbüchern gesichert hat. «Das Müesli ist vielleicht der wichtigste Beitrag der Schweiz zum postmodernen Lebensstil», sagt Wirz. Das Original-Birchermüesli besteht mit Ausnahme der gezuckerten Kondensmilch aus naturbelassenen, rohen Produkten wie Äpfeln, Nüssen, Haferflocken und Zitronensaft.

Bircher-Benner revolutionierte nicht nur die Essgewohnheiten. Er versuchte auch, seine Patienten zu einem gesunden und harmonischen Leben in Einklang mit der Natur zurückzuführen. Seine ganzheitlichen Heilmethoden wurden in seinem 1897 am Zürichberg gegründeten Sanatorium «Lebendige Kraft» in die Tat umgesetzt.

Der Name war Programm. Lebendig und kräftig sollten sie wieder werden, seine zumeist blassen, verwöhnten und verweichlichten Patientinnen und Patienten. Deshalb gab es nicht nur Vollwertkost, sondern auch tägliche Spaziergänge, Sonnenkuren und Bäder. Zur Aktivierung der Lebenskräfte liess der «neugierige Menschenfreund» (Wirz) seine Patientinnen schon mal mit kaltem Wasser abspritzen. Und im Garten mit Blick auf den Zürichsee und die Alpen wurden Turngeräte aufgestellt.

Die Klinik und seine Familie regierte Bircher-Benner bis zu seinem Tod 1939 als wohlwollender, aber strenger Patriarch. In dieser Hinsicht war der Ernährungsreformer ein Kind seiner Zeit.

Thomas Gull

Maximilian Oskar Bircher-Benner: *Aarau 22.8.1867, †Zürich 24.1.1939. Arzt. Wegbereiter der Vollwertkost, Pionier der biologischen Gesundheitsmedizin. Verheiratet mit Elisabeth Benner, sieben Kinder, vier Buben, drei Mädchen.

Originalrezept des Birchermüeslis

Die Zutaten gelten für eine Person:

1. Äpfel. 3 kleinere oder 1 grosser Apfel (200 g), durch Abreiben mit einem trockenen Tuch gereinigt, aber ohne Haut, Gehäuse und Kerne zu beseitigen.
2. Nüsse. Baumnüsse, Haselnüsse, Mandeln, gerieben, 1 Esslöffel.
3. Haferflocken. Ein gestrichener Esslöffel (8 g), 12 Stunden vorgeweicht mit 3 Esslöffeln Wasser.
4. Zitronensaft von einer halben Zitrone.
5. Kondensierte, gezuckerte Milch, 1 Esslöffel.

Zubereitung:

Die Kondensmilch und der Zitronensaft werden zuerst unter die Haferflocken gemischt, dann werden die Äpfel mit Haut, Gehäuse und Kernen auf dem Apfelreibeisen unter kräftigem Druck gerieben und schon während des Reibens unter den Brei gemischt. Die Zubereitung soll unmittelbar vor dem Essen geschehen. Die geriebenen Nüsse werden bei Tisch aufgestreut.

Zum Weiterlesen

Albert Wirz: Die Moral auf dem Teller. Leben und Werk von Max Bircher-Benner und John Harvey Kellogg. Chronos Verlag, Zürich 1993.

Jakob Tanner: Fabrikmahlzeit. Ernährungswissenschaft, Industriearbeit und Volksernährung in der Schweiz 1890–1950. Chronos Verlag, Zürich 1999.

Der Wörterdenker

*Der Genfer **Ferdinand de Saussure** war ein passionierter Sprachforscher. Er gilt als Begründer der modernen Sprachwissenschaft.*

Ferdinand de Saussure trieb sein Leben lang eine Leidenschaft um: die Sprache. Anders als die Dichter beschäftigte er sich indes nicht mit der Kreation von Texten. Die Sprache war für ihn nicht in erster Linie ein Instrument, mit dessen Hilfe Gedanken ausgesprochen und Dinge erklärt werden konnten. Für Saussure war die Sprache ein Rätsel. Woher kommt und wie funktioniert sie? Diese Fragen versuchte er zu klären.

Angesteckt mit dem Sprach-Virus wurde Saussure im zarten Alter von dreizehn Jahren. Damals lernte der älteste Spross einer Genfer Gelehrtenfamilie Adolphe Pictet kennen, der an der Genfer Akademie Literaturwissenschaft lehrte. Voller Bewunderung las Saussure Pictets Hauptwerk «Die Indoeuropäischen Ursprünge».

Besonders fasziniert war er von der Idee, «dass man mittels zwei oder drei Sanskritsilben das Leben der verschwundenen Völker wiederfinden konnte», wie er später schrieb. Was Saussure so entflammte, war das grosse Projekt der Sprachwissenschafter des 19. Jahrhunderts, die versuchten, aufgrund der bestehenden Sprachen die indoeuropäische Ursprache zu rekonstruieren.

«Saussure war ein Wunderkind», erzählt der Sprachwissenschafter Johannes Fehr, «bereits als 14-Jähriger unternahm er es, dieser Ursprache auf die Spur zu kommen.» Für den grossen Wurf war es noch zu früh. Dieser gelang ihm mit einundzwanzig. Noch während seiner Studienzeit in Leipzig publizierte er seine Abhandlung über das ursprüngliche Vokalsystem der indoeuropäischen Sprachen. Das Werk sorgte für ein solches Aufsehen, dass ihn ein Professor zwei Jahre später bei der Doktorprüfung fragte, ob er mit dem Autor des berühmten Buches verwandt sei.

Nach seinem Studium verläuft Saussures Karriere im Sauseschritt: Ab 1881 lehrt er an der Ecole des Hautes Etudes in Paris, 1891 wird er in die französische Ehrenlegion aufgenommen und erhält einen Ruf als Professor ans Collège de France, dem akademischen Olymp Frankreichs. Zur allgemeinen Überraschung lehnt er die Berufung ab, kehrt in die Schweiz zurück und wird Professor in Genf. Fortan residiert er als Schlossherr im waadtländischen Vufflens.

Seine Rückkehr nach Genf ist ein Rätsel in Saussures Leben. Ungeklärt ist auch die Frage, weshalb Saussure nach seinem Frühwerk kein bedeutendes Buch mehr veröffentlichte. Dass er trotzdem Geschichte gemacht hat, verdankt er seinen Schülern Charles Bally und Albert de Sechehaye, die aufgrund von Vorlesungsnotizen nach seinem Tod den «Cours de linguistique générale» herausgegeben haben. Denn erst der «Cours» macht Saussure zum Begründer der modernen Sprachwissenschaft und des Strukturalismus, der für die Geistesgeschichte des 20. Jahrhunderts von eminenter Bedeutung ist.

Fehr erklärt sich Saussures «Publikationsstau» damit, dass dieser mit seinen revolutionären Ideen allein war. Anders als für seine Kollegen war für ihn die Ursprache kein historisches Phänomen. Er suchte vielmehr nach allgemein gültigen Strukturen, die der Sprache zu Grunde liegen.

Heute erlebt Saussure eine Art Renaissance, weil er, so Fehr, «zeigt, wie die Sprache als System zu deuten ist, das sich durch den Gebrauch ständig wandelt.»

Thomas Gull

Ferdinand Mongin de Saussure: *Genf 26.11.1857, †Vufflens (VD) 22.2.1913. Wegbereiter der modernen Sprachwissenschaft. Verheiratet mit Marie Faesch, zwei Söhne.

Zum Weiterlesen

Johannes Fehr: Ferdinand de Saussure, Linguistik und Semiologie. Suhrkamp Verlag, Frankfurt am Main 1997.

Ferdinand de Saussure: Troisième cours de linguistique générale (1910–1911). Pergamon Press, Oxford 1993.

Der Bauernführer

Ernst Laur *machte die Bauern zu einem*
politischen Machtfaktor. Doch den Niedergang
der Landwirtschaft konnte auch er
nicht verhindern.

Die Geschichte ist ungerecht. Oft werden gerade die bedeutendsten Leute vergessen. Zum Beispiel Ernst Laur. Er gehörte in der ersten Hälfte dieses Jahrhunderts zu den bekanntesten Figuren im öffentlichen Leben der Schweiz,
bewundert und verehrt, angegriffen und verhasst wie kaum
ein Zweiter. Doch nach seinem Tod geriet er schnell in Vergessenheit.

Dabei war es Ernst Laur, der als Sekretär des Schweizerischen Bauernverbandes aus den Bauern einen politischen
Machtfaktor machte. Es war im Wesentlichen sein Verdienst,
dass es zu einer Annäherung zwischen Bürgertum und Bauern kam und der daraus hervorgegangene Bürgerblock
während Jahrzehnten die Politik dominierte.

Ende des letzten Jahrhunderts geriet der Bauernstand in
eine tiefe Krise. Die Getreidepreise sanken, die Löhne stie-
gen. Tausende von Höfen gingen in Konkurs. Als Gegen-
massnahme schlossen sich die Bauern 1898 zusammen und
gründeten den Schweizerischen Bauernverband. Zum Geschäftsführer wählten sie den blutjungen Landwirtschafts-
lehrer Ernst Laur.

Laur war ein Arbeitstier und ein Organisationsgenie. Schon
als 17-Jähriger hatte Laur, der aus dem Stadtbasler Kleinbür-
gertum stammte, sein Lebensziel klar vor sich gesehen: «All
mein Denken und Sinnen ist darauf gerichtet, einmal auf das
Wohlergehen der schweizerischen Landwirtschaft einwir-
ken zu können.»

Dieses Ziel verwirklichte er Schritt für Schritt. Zuerst einmal
trat er für eine Modernisierung der Landwirtschaft ein. Er
war der Überzeugung, dass die Bauern in der kapitalisti-

schen Wirtschaft nur überleben könnten, wenn sie lernten, ihre Höfe nach den Gesetzen der modernen Ökonomie zu führen. 1908 wurde er als Professor für Agrarwirtschaft an die ETH Zürich berufen. Durch seine Tätigkeit am Polytechnikum konnte er während fast dreissig Jahren die agrarische Elite in der Schweiz mitformen. Seine Schriften fanden aber auch weit über die Schweiz hinaus Beachtung und wurden sogar ins Chinesische übersetzt. «Laur war alles andere als ein Agrarromantiker», sagt der Historiker Werner Baumann, Spezialist für die Geschichte der Schweizer Bauern, «aber er kämpfte dafür, dass die Bauern im modernen Staat ihren Platz haben.»

Deshalb leitete er auch das Zweckbündnis zwischen Bauern und Fabrikbesitzern in die Wege. Laur, der als einer der besten Volksredner der Schweiz galt, pries die Bauern als Bollwerk gegen Internationalismus, Überfremdung und Kommunismus: «Was wird aus dem Schweizervolk ohne Bauernstand?», fragte er 1913. Und gab selber die Antwort: «Ein internationales, sozialistisch verseuchtes Völkergemisch.» Die Sozialdemokraten hassten ihn für solche Parolen. Sie bezeichneten ihn als «Bauernheiland», als «ungekrönten König der Eidgenossenschaft», der die Bundesräte wie «Hampelmänner» manipulieren könne.

In den dreissiger Jahren galt Laur aufgrund seines Ausspruchs «Schweizerart ist Bauernart» als einer der Väter der Geistigen Landesverteidigung. Dies ist darum pikant, weil er seit den zwanziger Jahren immer wieder unverhohlen seine Sympathien für den Faschismus in Italien und Deutschland bekundet hatte und noch 1934 in der Schweizerischen Bauernzeitung schrieb: «Die Erhaltung des Bauernstands ist

Ernst Laur: *Basel 27.3.1871, †Effingen (AG) 30.5.1964, Agronom, Geschäftsführer des Schweizerischen Bauernverbandes (1898 bis 1939). Verheiratet mit Sophie Schaffner, vier Kinder: Rudolf, Ernst, Sophie, Rosemargarethe.

schliesslich wichtiger als die Erhaltung der Demokratie.»
Von der faschistischen Frontenbewegung hielt er sich
jedoch fern. Werner Baumann: «Laur hatte zwar ein grosses
ideologisches Verständnis für die faschistischen Bewegun-
gen im Ausland, da diese sich immer sehr bauernfreundlich
gezeigt hatten. Doch innenpolitisch war er zurückhaltender.
Er glaubte, der Faschismus passe nicht zur Schweiz, da hierzulande die Demokratie zu stark verwurzelt sei.»
1930 wurden die Bauern mit der Wahl von Bundesrat Rudolf
Minger definitiv ins politische System der Schweiz einge-
bunden. Wirtschaftlich aber verloren sie zunehmend an Bedeutung. Laur selbst hatte – trotz anhaltender Popularität –
kaum mehr politischen Einfluss. «Er war zum Wortführer
eines untergehenden Berufsstandes geworden», meint Werner Baumann.

Christof Dejung

Zum Weiterlesen

Werner Baumann: «Bauernstand und Bürgerblock. Ernst Laur
und der schweizerische Bauernstand 1897–1918». Orell
Füssli Verlag, Zürich 1993.

Werner Baumann: Ernst Laur oder «Der Bauernstand muss
erhalten werden, koste es, was es wolle». In: Aram Mattioli
(Hg.), Intellektuelle von rechts, Ideologie und Politik in
der Schweiz 1918–1939, Orell Füssli Verlag, Zürich 1995,
S. 257–272.

Der Tiefenpsychologe

Carl Gustav Jung begründete eine neue Theorie der menschlichen Selbsterfahrung und prägte psychologische Begriffe, die heute zum alltäglichen Wortschatz gehören.

«Wer bin ich?» Mit dieser Frage hat sich wohl jeder von uns irgendwann einmal beschäftigt. Carl Gustav Jung hat sich ihr ein Leben lang zugewendet.

Als frisch gebackener Mediziner mit der Fachausbildung zum Psychiater nahm Jung im Jahre 1900 eine Assistenzstelle an der Zürcher psychiatrischen Klinik «Burghölzli» an. Dort kam er bald in Kontakt mit Sigmund Freuds gerade erschienenem Werk «Traumdeutung». Die neuartigen Thesen Freuds, die in der akademischen Psychologie auf Ablehnung stiessen, interessierten den 25-Jährigen Pfarrerssohn. Freud hatte bei Behandlungen von Patienten die Techniken der freien Assoziation sowie der Traumanalyse zu Hilfe genommen und neue Erkenntnisse daraus gewonnen. Als unbewussten Hauptantrieb des menschlichen Verhaltens diagnostizierte er den Sexualtrieb: Ein Tabubruch, der die Gemüter erregte.

Der Einbezug des Unbewussten in die psychotherapeutische Behandlung leuchtete Jung ein. Er war zunächst ein grosser Bewunderer seines Wiener Kollegen. An Kongressen verteidigte Jung die freudschen Methoden der Psychoanalyse und setzte damit seine Karriere aufs Spiel. Es folgten ein intensiver brieflicher Gedankenaustausch und einige persönliche Begegnungen zwischen den beiden Psychorevolutionären.

Jung sah aber immer weniger ein, weshalb nur die Libido Ursache von psychischen Störungen sein sollte. 1913 kam es zum Bruch. Jung hatte während Jahren Traummotive und Symbolbilder von Neurotikern verglichen und dabei beobachtet, dass sogar in verschiedenen Kulturräumen identische Sinnbilder auftauchen. Er schloss daraus, dass die menschliche Psyche nur teilweise aus persönlich erworbenem Erinnerungsmaterial besteht. Daneben bestehe auch etwas, das er «kollektives Unbewusstes» nannte. Damit meinte Jung einen allen Menschen gemeinsamen Erfahrungsschatz, der durch sogenannte «Archetypen» bestimmt ist. Beispiele dafür sind die geschlechtsbezogenen Bilder der «anima» und des «animus»: In jedem Mann schlummert auch eine weibliche Seele und umgekehrt.

In seinem frühen Werk «Wandlungen und Symbole der Libido» entwickelte Jung seine zentralen Thesen. Er hat mit ihnen aber nicht nur die Welt der Psychologen geprägt. Paul Brutsche, Psychotherapeut und Curatoriumsmitglied des C.-G.-Jung-Instituts, meint: «Jung hat viele Begriffe kreiert, die heute – wenn auch vom Volksmund in der Bedeutung verändert – Allgemeingut geworden sind: der ‹Komplex› etwa, ‹introvertiert› oder ‹extravertiert›.»

Ein weiterer zentraler Begriff der jungschen Theorie ist der «Individuationsprozess». Dieser kann als Bewusstwerdung seiner selbst verstanden werden. Nach Jungs Sprachgebrauch heisst das: Integration des kollektiv und subjektiv Unbewussten unter Führung eines das bewusste Ich übersteigenden «Selbst». «Für Jung war nicht nur die Behandlung einer Person wichtig, er wollte unter Anwendung seiner Deutungsmuster auch deren persönliche Entwicklung und individuelle Selbsterkenntnis fördern», sagt Brutsche.

Jung ist oft auch einfach von sich selbst ausgegangen. Eigene Erlebnisse wie etwa die schwere psychische Krise nach den Auseinandersetzungen mit Freud verschafften ihm immer wieder neue Erkenntnisse.

Ein Fehlgriff war Jungs Interpretation des Aufstiegs des Nationalsozialismus. Dieser war seiner Meinung nach Ausdruck

Carl Gustav Jung: *Kesswil (TG) 26.7.1875, †Küsnacht (ZH) 6.6.1961, Psychiater, Begründer der Analytischen Psychologie. Verheiratet mit Emma Rauschenbach, fünf Kinder.

des spezifisch deutschen kollektiven Unbewussten. Dafür erntete er den Beifall der Nazis. Nach deren Machtergreifung übernahm Jung den Vorsitz des gleichgeschalteten psychotherapeutischen Berufsverbandes. Die Kritik an den psychotherapeutischen Methoden des Juden Freud trug ihm auch den Vorwurf des Antisemitismus ein. In den späten dreissiger Jahren distanzierte er sich jedoch von eigenen Aussagen wie jener, Hitler sei das «Sprachrohr der Volksseele» und unterstützte in dieser Zeit jüdische Kollegen. 1940 wurden darauf Jungs Schriften im Dritten Reich verboten.

Jung hat sich mit dem Nationalsozialismus zu naiv aus wissenschaftlicher Perspektive und ohne moralische Implikation befasst und die dazugehörige politische Wirklichkeit zu wenig beachtet.

«Ich bin ausgerutscht», soll er dazu einmal gesagt haben.

Pascal Unternährer

Zum Weiterlesen

Carl Gustav Jung: Die Symbole der Wandlung. Analyse des Vorspiels einer Schizophrenie. Hrsg.: Lilly Jung-Merker, Elisabeth Rüf. Walter-Verlag, Zürich 1996.

Gerhard Wehr: Carl Gustav Jung. Leben, Werk, Wirkung. Kösel-Verlag, München 1985.

Urs Aeschbacher: C.G. Jung, das «Dritte Reich» und die Gewalt der Seele. In: Aram Mattioli (Hrsg.): Intellektuelle von Rechts. Ideologie und Politik in der Schweiz 1918–1939. Orell Füssli Verlag, Zürich 1995, S.73–89.

Der Olympier

*Carl Spitteler hat bisher als einziger gebürtiger
Schweizer den Nobelpreis für Literatur erhalten.
Seine Rede «Unser Schweizer Standpunkt» hat das
Schweizer Nationalbewusstsein geprägt.*

Dichter wolle er werden, beschloss der 16-Jährige Carl Spitteler. Ein Entscheid, der den Beginn einer langen Reise voller Irrfahrten und Rückschläge markierte, die er ausdauernd, zäh und geduldig meisterte – ganz wie der Grieche Odysseus im homerischen Epos. Eine Reise auch, an deren Ende er den literarischen Olymp erklomm.

Doch beginnen wir mit dem Aufbruch. Nach dem Entschluss, Dichter zu werden, bricht Spitteler sein Jurastudium in Basel ab, studiert in Zürich Theologie und verabschiedet sich damit von der Karriereplanung und den bürgerlichen Idealen seines Vaters, der einer der massgebenden radikalen Politiker in Basel-Land war.

Nach Abschluss des Studiums setzt sich der rebellische Bürgersohn nach Russland ab, wo er während acht Jahren als Hauslehrer im Brot steht und an seinem ersten Werk «Prometheus und Epimetheus» arbeitet, das nach seiner Rückkehr 1881/82 veröffentlicht wird.

«Prometheus» ist wie sein Hauptwerk, der «Olympische Frühling», ein Versepos. Eine erzählende Dichtung, die sich an griechischen Vorbildern und den italienischen Renaissance-Epikern orientiert. Spitteler produziert damit eine Literatur, die nicht dem Zeitgeist entspricht. En vogue ist realistische Prosa, wie sie Gottfried Keller schreibt. «Prometheus» ist denn auch kein Erfolg, und Spitteler muss sich seinen Lebensunterhalt als Lehrer und Journalist verdienen.

Eine Wende bringt der Tod seiner Schwiegereltern ein Jahrzehnt später. Die Erbschaft ermöglicht den Umzug von Zürich nach Luzern und ein Leben als freier Schriftsteller. Von der Mühsal des Broterwerbs befreit, arbeitet Spitteler nun während rund zehn Jahren an seinem Hauptwerk, dem «Olympischen Frühling». Darin setzt sich Spitteler – mythologisch verbrämt – mit seiner Zeit auseinander. «Das Epos ist bei allem mythologischen Drum und Dran ein sehr menschliches Buch und trotz allerhand olympisch-himmlischer Schwerelosigkeiten eine sehr irdische Geschichte», kommentiert der pensionierte Lausanner Germanistikprofessor Werner Stauffacher. Das Werk macht den bereits über 50-jährigen Spitteler berühmt. 1919 erhält er dafür den Literaturnobelpreis.

Seine wohl grösste Stunde erlebt der Dichter jedoch ein halbes Jahrzehnt früher: Im Dezember 1914 sehen wir ihn, wie er vor der Neuen Helvetischen Gesellschaft in Zürich eine Rede hält: «Unser Schweizer Standpunkt.»

In Europa tobt der Erste Weltkrieg. Viele Deutschschweizer sympathisieren mit Deutschland, die Romands mit Frankreich. Spitteler distanziert sich von der deutschen Politik und ruft zu Neutralität und nationaler Eintracht auf. Die Rede schafft zwar den Graben zwischen den Deutschschweizern und den Romands nicht aus der Welt, prägt aber das Schweizer Nationalbewusstsein nachhaltig.

Und kostet Spitteler die Zuneigung der Deutschen, denen er einen schönen Teil seines Ruhmes verdankt. «In Deutschland war Spitteler nach seiner Rede erledigt» (Stauffacher). Dafür wird ihm in den Ländern der Entente applaudiert.

Die dezidierte Stellungnahme hat wohl dazu beigetragen, dass Spitteler den Nobelpreis erhielt: «Er wurde auch als deutschsprachiger Schriftsteller ausgezeichnet, der nicht deutschnational war», meint Stauffacher.

Carl Spitteler: *Liestal 24.4.1845, †Luzern 29.12.1924. Epiker, Lyriker, Essayist. Nobelpreis für Literatur 1919. Verheiratet mit Marie Op den Hooff. Zwei Töchter.

Mit seiner Rede blieb Spitteler sich selbst treu. Wie oft in seinem Leben folgte er seinen innersten Überzeugungen. Dazu riet er auch den Schweizern: «Tue was du sollst und kümmere dich nicht um die Folgen.»

Thomas Gull

Zum Weiterlesen

Werner Stauffacher: Carl Spitteler. Biografie. Artemis Verlag, Zürich 1973.

Karl Spitteler: Imago. Suhrkamp Verlag, Frankfurt am Main 1990.

Karl Spitteler: Olympischer Frühling. Artemis Verlag, Zürich 1945.

Die Soldatenmutter

Else Züblin-Spiller rief im Ersten Weltkrieg die Soldatenstuben ins Leben und eröffnete so Frauen neue Aufgaben und Lebensbereiche.

Der Zufall spielt manchmal eine wichtige Rolle. Eigentlich hatte sich Else Spiller an jenem 20. Oktober 1914 mit einem deutschen Herrn zu einer sogenannten «Liebesfahrt» verabredet. Die beiden wollten deutschen Soldaten, die auf dem Weg an die Front waren, «Liebesgaben» bringen: Socken, Fresspäckli und anderes. Spiller verpasst aber das Treffen, trifft stattdessen auf eine alte Bekannte und begleitet sie an eine Sitzung des «Verbands gemeinnütziger Vereine für alkoholfreie Verpflegung der Truppen».

Die energische, junge Frau übernimmt sogleich das Kommando der Organisation. Sie spricht beim Bundesrat und in hohen Militärkreisen vor. Geschickt räumt Spiller die anfängliche Skepsis der Armeeleitung aus, und bereits im folgenden Monat eröffnet sie im Jura die ersten Soldatenstuben. «Uns Frauen schaltet der Staat sonst von jedem aktiven Dienst aus. Nun aber schien die grosse Zeit auch uns eine besondere Aufgabe bereithalten zu wollen!» notiert Spiller 1915 zufrieden.

Über tausend Soldatenstuben richtet der «Schweizer Verband Soldatenwohl», wie sich Spillers Organisation nun nennt, während des Krieges ein. Ställe, Keller und Werkstätte werden zu gemütlichen und im Winter geheizten Lokalen. Alle Stuben werden von Frauen geführt. Für wenig Geld bekommen die Wehrmänner eine warme Speise oder ein alkoholfreies Getränk. Es herrscht aber kein Konsumationszwang.

An den Tischen klagen die diensttuenden Familienväter den «Soldatenmüttern» ihr Leid. Viele Familien kämpfen mit grossen wirtschaftlichen Schwierigkeiten, da die Männer über Monate in der Armee sind. Die staatliche Notunterstützung reich nirgends hin. Die hohe Teuerung frisst das wenige Geld vorzu weg. Spiller stellt 1916 die «Wehrmannsfürsorge» auf die Beine. Bis 1920 greift ihr Verband 35 000 bedürftigen Familien unter die Arme.

Im Zweiten Weltkrieg profitiert die Schweiz von diesen Erfahrungen. Der Bundesrat führt die «Lohn- und Verdienstersatzordnung» für die Wehrmänner ein, auf deren Modell auch die AHV basiert. «Obwohl ohne Stimmrecht bewiesen die Frauen mit ihren Einsätzen im Ersten und dann auch im Zweiten Weltkrieg ihre Staatsfähigkeit», betont die Politologin Regula Stämpfli. «Die Schweizer Männer wollten dies jahrzehntelang nicht honorieren.»

An jenem Herbsttag 1914 hatte Spiller ihre Lebensaufgabe gefunden. Das ist aber nicht nur jener zufälligen Begegnung auf dem Zürcher Bahnhof zuzuschreiben. Bereits in der Vorkriegszeit betreut die Journalistin der «Schweizer Wochenzeitung» die Pressestelle der Heilsarmee. Ab 1908 unternimmt sie mehrere Reisen durch Europa. In den Grossstädten und im Ruhrgebiet lernt sie die Slums kennen und ist erschüttert vom dortigen Elend.

«Soziale Verantwortung, starker Wille, Überzeugungskraft und ungewöhnliche Organisationsgabe», zählt der Publizist Alfred A. Häsler zu Spillers herausragenden Charaktereigenschaften. Stämpfli fügt bei, Spiller habe nie vergessen, wofür sie kämpfe: «den sozialen Ausgleich und die politische Gleichberechtigung der Frauen».

Nach dem Kriegsende 1918 wendet sich Spiller den Arbeitern zu. Ihre Organisation, die sich nun «Schweizer Verband Volksdienst» (SVV) nennt, beginnt, in Fabriken und Gross-

Else Züblin-Spiller: *Seen bei Winterthur 1.10.1881, †Zürich 11.4.1948. Journalistin, Initiatorin der Soldatenstuben (1.WK), Gründerin «Schweizer Verband Volksdienst», Mitbegründerin Frauenhilfsdienst (2.WK). Verheiratet mit dem Arzt Ernst Züblin.

büros nach dem Vorbild der Soldatenstuben Kantinen einzurichten. Der SVV wächst schnell zur grössten gastgewerblichen Organisation des Landes heran. Als Züblin-Spiller 1948 stirbt, beschäftigt der SVV rund 1500 Angestellte und verpflegt täglich um die 50000 Menschen. Heute zählt der «SV-Service» zu den dreissig grössten Arbeitgebern der Schweiz.

Patrick Kupper

Zum Weiterlesen

Susanna Orelli-Rinderknecht, Else Züblin-Spiller: Zwei Pionierinnen der Volksgesundheit. Schweizer Pioniere der Wirtschaft und Technik, Bd. 26. Verein für Wirtschaftshistorische Studien, Zürich 1973.

Regula Stämpfli: Mit der Schürze in die Landesverteidigung 1914 bis 1945. Staat, Wehrpflicht und Geschlecht. Diss. Universität Bern, Bern 2000.

Jakob Tanner: Fabrikmahlzeit. Ernährungswissenschaft, Industriearbeit und Volksernährung in der Schweiz 1890 bis 1950. Chronos Verlag, Zürich 1999.

Der Soldatenerzieher

Ulrich Wille befehligte im Ersten Weltkrieg die Schweizer Armee. Seine Sympathien für Deutschland hätten ihn fast das Amt gekostet.

Der Bundesrat diskutierte im Herbst 1917 einen delikaten Befund: Der Armeearzt, Oberst Hauser, hatte die Überzeugung geäussert, «dass Herr General Wille senil geworden sei». Nun stand die Absetzung des Generals zur Debatte.

Bis heute ist umstritten, ob Wille tatsächlich an Senilität litt oder ob der ärztliche Befund Teil einer Intrige war, um ihn als Oberbefehlshaber loszuwerden. Der Vorfall ist aber typisch für die Laufbahn Willes, der die Menschen zeitlebens polarisierte.

Als Waffenchef der Kavallerie und später als Divisions- und Korpskommandant modernisierte Wille das schweizerische Wehrwesen, das Ende des 19. Jahrhunderts in einem hohlen Formalismus erstarrt und in keiner Weise kriegstüchtig war. Als Redaktor der «Allgemeinen schweizerischen Militärzeitung» wurde Wille zum Vordenker in Militärfragen. Er forderte die Erziehung des Bürgers zum Soldaten. Drill und Disziplin sollten die Mittel dazu sein.

«Für Wille war die Armee die Keimzelle des Staates», meint der Zürcher Militärhistoriker Rudolf Jaun. «Die Legitimation einer Nation musste sich seiner Ansicht nach im Krieg erweisen.» Deshalb war ihm die Kampfbereitschaft der Nation letztlich wichtiger als die Erhaltung der Demokratie: «Wenn es in einem Staatswesen, wo das Volk selbst über die Gestaltung aller öffentlichen Dinge zu entscheiden hat, unmöglich sein sollte, ein genügendes Wehrwesen zu bekommen, so wäre dies ein Zeichen für das Falsche dieser Staatsform», sagte er 1905 in einem Vortrag.

In der Öffentlichkeit stiessen diese Ideen auf Widerstand. Man sprach von einer «Verpreussung» der Milizarmee. Dennoch wurde Ulrich Wille am 3. August 1914 zum General der

Schweizer Armee gewählt. Vor allem aus der Romandie hatte es erbitterten Widerstand gegen den als deutschfreundlich bekannten Korpskommandanten gegeben. Nicht zuletzt deshalb, weil seine Frau aus dem deutschen Adelsgeschlecht derer von Bismarck stammte.

Während Willes Amtszeit kam die Armee nur ein einziges Mal ernsthaft zum Einsatz: beim Generalstreik 1918. Im Laufe des Krieges hatte sich die materielle Situation der Bevölkerung dramatisch verschlechtert. Deshalb riefen die Arbeiter 1918 zum Generalstreik auf. Wille drängte darauf, die Armee aufzubieten, um die Arbeiter in die Fabriken zurückzutreiben. Der Streik wurde schliesslich mit militärischer Gewalt beendet, was das innenpolitische Klima auf Jahrzehnte hinaus vergiftete.

Dass der Bundesrat den General noch vor Ende des Krieges loswerden wollte, hatte aber nicht mit seiner Unnachgiebigkeit in der sozialen Frage zu tun, sondern mit seinen Sympathien für die Deutschen. Nach dem Kriegseintritt der USA und der sich abzeichnenden Niederlage Deutschlands wurde Wille zur aussenpolitischen Hypothek. Das ärztliche Gutachten von Armeearzt Hauser kam dem Bundesrat deshalb wie gerufen.

Dass Ulrich Wille sein Amt dann doch bis zum Ende des Krieges behalten durfte, war reiner Zufall. Korpskommandant Audéot, der als Nachfolger Willes vorgesehen war, starb unerwartet im November 1917. Mit dem als liberal geltenden Audéot an der Spitze der Armee wäre der Generalstreik wohl anders verlaufen und damit auch die Schweizer Geschichte der zwanziger und dreissiger Jahre.

Christof Dejung

Conrad Ulrich Sigmund Wille: *Hamburg 5.4.1848, †Meilen (ZH) 31.1.1925, Jurist und Instruktionsoffizier. Verheiratet mit Clara Gräfin von Bismarck, fünf Kinder: Renée, Isi, Fritz, Ulrich, Arnold.

Zum Weiterlesen

Rudolf Jaun: Preussen vor Augen. Das schweizerische Offizierskorps im militärischen und gesellschaftlichen Wandel des Fin de siècle. Chronos Verlag, Zürich 1999.

Niklaus Meienberg: Die Welt als Wille & Wahn. Elemente zur Naturgeschichte eines Clans. Limmat Verlag, Zürich 1987.

Der Klassenkämpfer

Der Sozialist und Arbeiterführer **Robert Grimm**
war Rädelsführer des Landesstreiks 1918.

Im Spätherbst 1918 durchlebte die Schweiz eine innenpolitische Zerreissprobe. «Die Stunde ist ernst, bitter ernst», rief Robert Grimm am 13. November seinen Kollegen im Nationalrat entgegen. «Sie haben die Macht der Bajonette, die Macht der brutalen Gewalt. Wir haben die Macht der Idee.» Zwei Tage zuvor hatte ein von Grimm angeführtes «Oltener Aktionskomitee» den Landes-Generalstreik ausgerufen, an dem sich rund eine Viertelmillion Arbeiter beteiligten.

Die Lage hatte sich in den Monaten zuvor zugespitzt. In Europa herrschte seit vier Jahren Krieg. Die hohen Kosten für Lebensmittel verschlechterten die Situation vor allem der Arbeiterschaft drastisch. Zudem forderte ein tödliches Grippevirus zahlreiche Opfer.

Seit Anfang Jahr verhandelten der Bundesrat und die Vertreter der Arbeiterschaft – mit Grimm an der Spitze – über allgemeine Preissenkungen. Ohne Erfolg. Eine Demonstration auf dem Zürcher Fraumünsterplatz lösten Soldaten gewaltsam auf. Darauf bewilligte die durch die Ereignisse schockierte Landesregierung auf Antrag General Willes ein massives Truppenaufgebot vor allem für die Städte Bern und Zürich, wo revolutionäre Unruhen befürchtet wurden.

Die Arbeiterseite empfand dies als Provokation. Robert Grimm verfasste den Streikaufruf, der neben Preissenkungen Forderungen enthielt wie das heute selbstverständliche Proporzwahlrecht, das Frauenstimmrecht, die Einführung der 48-Stunden-Woche und eine Alters- und Invalidenversicherung.

Das Streikkomitee stand bald unter grossem Druck. Die Streikenden standen den Soldaten gegenüber. Kapitulation oder Bürgerkrieg? lautete die Frage, nachdem der Bundesrat ultimativ die bedingungslose Wiederaufnahme der Arbeit verlangt hatte. Das Komitee gab nach. Darauf kam es zu einem Prozess gegen die Anführer des Streiks, wobei diesen weder Einflussnahme durch Agenten der bolschewistischen Weltrevolution noch die tatsächliche Planung einer revolutionären Umwälzung nachgewiesen werden konnte. Trotzdem wurde Grimm zu sechs Monaten Gefängnis verurteilt. Er nutzte diese Zeit und schrieb ein Buch über die Schweiz in ihren Klassenkämpfen.

«Grimm war kein Revolutionär, schon eher ein radikaler Reformer. Als grossartiger Redner verkörperte er im positiven Sinne den Volkstribun», urteilt der Historiker Karl Lang. «Er schaffte den Brückenschlag Arbeiter – Intellektuelle – Politiker.» Robert Grimm war nicht nur ein engagierter Politiker, sondern auch Theoretiker und Journalist. Als Redaktor machte der Arbeitersohn und gelernte Typograf die «Berner Tagwacht» zum Kampfblatt der Arbeiterschaft. Und schon als 25-Jähriger erhitzte er mit der Broschüre «Der politische Massenstreik» die Gemüter.

Grimm engagierte sich auch nach dem Landesstreik für die sozial Schwachen. Für die Sozialdemokratische Partei sass er 44 Jahre lang im Nationalrat und hatte in Stadt und Kanton Bern zahlreiche politische Ämter inne. «Als Parteimann hat sich Grimm zeitlebens für eine sozialistische Alternative eingesetzt», sagt Lang. «Er war ein kantiger Streiter und pflegte zuweilen einen autoritären Stil. Eine Integrationsfigur war er nie. Deshalb wurde er wohl nicht Bundesrat.»

Trotzdem machte Grimm als Verfasser des Parteiprogramms von 1935, in dem die SP auf die «proletarische Diktatur» als Ziel verzichtete und ein Bekenntnis zur Landesverteidigung ablegte, die Sozialdemokratie in der Schweiz regierungstauglich.

Pascal Unternährer

Robert Grimm: *Wald (ZH) 16.4.1881, †Bern 8.3.1958, Politiker, Publizist. Verheiratet zuerst mit Rosa Reichesberg, dann mit Jenny Kuhn. Vier Kinder.

Zum Weiterlesen

Robert Grimm: Geschichte der Schweiz in ihren Klassen-kämpfen. Limmat Verlag, Zürich 1976 (Original: 1920).

Hanni Bay: Der Landesstreik-Prozess gegen die Mitglieder des Oltener Aktionskomitees. Vor dem Militärgericht 3 vom 12. März bis 9. April 1919. Mit einem Vorwort von Robert Grimm. 2 Bände. Unionsdruckerei, Bern 1919.

Adolf McCarthy: Robert Grimm. Der schweizerische Revolutionär. Francke Verlag, Bern 1989.

Der Erzähler

Charles Ferdinand Ramuz ist der Nationaldichter der Romandie. Er schrieb in einer eigenwilligen Sprache über menschliche Schicksale in der rauhen Gebirgslandschaft.

Max Frisch notierte Anfang 1948 in sein Tagebuch: «C.F. Ramuz, der Dichter unserer französischen Schweiz, steckt bereits in unserem vaterländischen Knopfloch.» Frischs folgende Aufzählung grosser Schweizer Schriftsteller mit Ramuz als einzigem Westschweizer hat bis heute seine Gültigkeit nicht verloren. Die meisten Deutschschweizer Schulabgänger werden ausser Ramuz keinen welschen Poeten nennen können. Die Faszination vom dichtenden Übervater wirkte auch in der Romandie nachhaltig: Ramuz beeinflusste Generationen von Autorinnen und Autoren.

Der Sohn eines Kolonialwarenhändlers widmete sein ganzes Leben dem Schreiben. Nach dem Literaturstudium lebte er mehrere Jahre in Paris, wo er auch seine ersten Romane publizierte. Die französischen Kritiker lehnten Ramuz aufgrund seiner stilistischen und grammatikalischen Abweichungen von der Literatursprache mehrheitlich ab. Sie warfen ihm vor, nicht einmal «richtig» schreiben zu können.

Inzwischen ist der Romand auch in Frankreich anerkannt. Im Jahr 2004 wird der erste Band einer Ramuz-Gesamtausgabe in der Plejaden-Reihe der Edition Gallimard erscheinen, wo nur die grössten französischsprachigen Autoren Aufnahme finden.

«Ramuz durchbrach ganz bewusst die Gesetze der logischen Sprache», analysiert der Literaturwissenschafter Gérald Froidevaux. «Er betrieb schon in frühen Jahren eine Oralisierung der geschriebenen Sprache, was sehr modern war. Damit bezweckte er eine völlige Veränderung der Literatursprache.» Als Ramuz 1914 an den Genfersee zurückkehrte, prägte er als Mitherausgeber die Literaturzeitschrift «Cahiers Vaudois», die für den damaligen literarischen Aufbruch in der Romandie stand. Zum Symbol dieses Aufbruchs wurde sein Anwesen «La Muette» bei Pully, das sich Ramuz 1930 mit dem Preisgeld des Prix Romand kaufte. In diesem Haus lebte er bis zu seinem Tod. Hier entstanden viele seiner Klassiker wie «Farinet et la Fausse Monnaie» oder «Derborence».

Mit dem russischen Komponisten Igor Strawinski zusammen hatte Ramuz schon 1918 sein vielleicht berühmtestes Werk geschrieben: «Histoire du Soldat.» Dieses Theaterstück zeichnet sich dadurch aus, dass die Musik und ein Lektor den Erzählrhythmus bestimmen.

«Allgemein sind bei Ramuz Rhythmus und Strategie der Handlung sehr charakteristisch», sagt Froidevaux. «In seinen Romanen verwendet er oft filmische Techniken wie Parallelmontage und Perspektivenwechsel. Deshalb sind seine Texte manchmal schwer lesbar und wirken uneinheitlich.»

In Ramuz' Erzählungen muss nicht unbedingt eine Person im Mittelpunkt stehen, der Protagonist kann durchaus ein Berg sein. Naturbeschreibungen nehmen in seinen Werken breiten Raum ein. Er benutzt die Natur als Symbol und lässt die Bilder sprechen. Den gewaltigen Landschaften stellt er den grossen Kampf der kleinen Menschen gegenüber.

Den Rahmen von Ramuz' Geschichten bilden die rauhen Sitten und die harte Arbeit auf dem Lande, Naturkatastrophen, Liebe und Tod. Seine Themenauswahl war ein Aufruf: Zurück zum Elementaren, Einfachen! Obwohl Ramuz selbst sehr gebildet war, wurde er zum Gegner des abstrakten, rationalen Denkens. Seine Figuren verhalten sich deshalb oft unlogisch. Und die Romane von Ramuz haben selten ein Happy-End.

Pascal Unternährer

Charles Ferdinand Ramuz: *Cully-sur-Lausanne 24.9.1878, †Pully (VD) 23.5.1947, Schriftsteller, Lyriker, Essayist. Verheiratet mit der Malerin Cécile Cellier, eine Tochter: Marianne.

Zum Weiterlesen

C.F. Ramuz: Histoire du Soldat. Die Geschichte vom Soldaten. Frz.-dt. Übersetzung von Mani Matter. Editions Lesabéndio, Bern 1991.

Gérald Froidevaux: Ich bin Ramuz - nichts weiter. Limmat Verlag, Zürich 1987.

Gérald Froidevaux: C.F. Ramuz - ein Intellektueller von Rechts? In: Aram Mattioli (Hrsg.): Intellektuelle von Rechts. Ideologie und Politik in der Schweiz 1918-1939. Orell Füssli Verlag, Zürich 1995, S. 185-199.

Der National-Artist

Friedrich Knie *machte aus der Freiluftarena der Familie Knie den Schweizer National-Circus. Dieser entwickelte sich zu einer schweizerischen Institution.*

Am 1. Juni 1919 beginnt eine neue Epoche. Auf der Schützenmatte in Bern steht ein prächtiges Zirkuszelt. «Cirque/ Variété National Suisse Frères Knie» ist weithin über dem Eingang zu lesen. Zum ersten Mal spielen die Knies nicht mehr unter freiem Himmel, sondern in einem Zelt. Der Schweizer National-Circus ist aus der Taufe gehoben.

Als an diesem Abend der stämmige Friedrich Knie, der den Zirkus zusammen mit seinen drei Brüdern Rudolf, Carl und Eugen leitet, am Eingang die Billette kontrollieren will, muss er vor dem Ansturm des Publikums die Flucht ergreifen. Der neue Manegenzirkus ist ein Grosserfolg.

Gegründet wurde der Zirkus Knie im Jahre 1803 in Wien. Damals hängte der Gründer der Dynastie – er hiess ebenfalls Friedrich Knie – sein Medizinstudium an den Nagel und wurde Artist. Während mehr als hundert Jahren zogen die verschiedenen Generationen der Familie Knie durch ganz Europa.

Paradestück der Vorstellungen, die meist unter freiem Himmel stattfanden, waren die Nummern auf dem hohen Seil. Zehn, zwanzig Meter über den Köpfen der Zuschauer zeigten die Knies ihre atemberaubenden Kunststücke. Kein Netz schützte sie vor einem tödlichen Sturz.

Immer häufiger gastierten die Knies in der Schweiz. Hier kämpften die Artisten jahrzehntelang um gesellschaftliche Akzeptanz. Obwohl es nie etwas zu beanstanden gab, beobachteten die Behörden sie argwöhnisch. Das Ansehen der Zirkusleute war zu dieser Zeit kaum höher als das von Bettlern und Dieben.

Im Jahre 1900 erhielten die Knies das Schweizer Bürgerrecht. Das war für die Artistenfamilie ein Zeichen der lang

ersehnten Anerkennung. Der Stolz auf die neue Staatsbürgerschaft war mit ein Grund dafür, dass sie ihr Unternehmen
ab 1919 als «Schweizer National-Circus» bezeichneten: «Dieser Name war ein Bekenntnis zur Schweiz und zur Sesshaf-
tigkeit», weiss Alfred A. Häsler, Verfasser eines Buches über
die Dynastie Knie.

Das Wort «Knie» wurde in der Schweiz zum Synonym für Zirkus überhaupt. Wo immer die Knies auch auftraten, ob in
Genf, Bellinzona oder Luzern, überall war das Zelt voll. Der
draufgängerische Friedrich Knie, der seit seinem vierten Al-
tersjahr in der Arena stand und sowohl als Seiltänzer wie
auch als Weissclown auftrat, war die treibende Kraft im neu-
en Unternehmen. «Er übernahm als ältester der vier Brüder
gewissermassen die Vaterrolle», erinnert sich Fredy sen., der
Sohn von Friedrich Knie.

Mit der Gründung des National-Circus wurde Knie zu einem
Unternehmen mit internationalem Ruf. Insbesondere die
Pferdenummern, die Friedrich Knie 1920 erstmals in der
Manege vorführte, gehören zu den besten der Welt.

Heute teilt sich mit Fredy Knie jun. und Franco Knie, den
Enkeln Friedrichs, bereits die sechste Generation der Dynastie die Leitung des Schweizer National-Circus. Alfred A. Häsler: «Es gibt keinen anderen Zirkus, der während fast 200 Jahren immer im Besitz einer einzigen Familie war. Das ist
weltweit einmalig.»

Christof Dejung

Friedrich Knie: *Eberbach (Deutschland) 10.8.1884, †Zürich
27.4.1941, Artist und technischer Leiter des Zirkus Knie. Verheiratet mit Margrit Lippuner, zwei Söhne: Fredy und Rudolf.

Zum Weiterlesen

Alfred A. Häsler: Knie – Die Geschichte einer Circus-Dynastie. Benteli Verlag, Bern 1968.

Der Physiker

*Mit seiner Relativitätstheorie wurde **Albert Einstein** zu einer international gefeierten Grösse. Schon früh erkannte er den Nationalismus als eine der grossen Bedrohungen dieses Jahrhunderts.*

Mit der «Speziellen Relativitätstheorie», die er während seiner Arbeit am Eidgenössischen Patentamt in Bern aufstellte, revolutionierte Albert Einstein die Wissenschaft. Die Berliner Zeitung schrieb 1919, Einsteins Forschungen bedeuteten «eine völlige Umwälzung unserer Naturauffassung» und seien deshalb «den Erkenntnissen eines Kopernikus, Keplers und Newtons gleichwertig».

Der Inhalt der Relativitätstheorie war den meisten Leuten allerdings schleierhaft. Verstanden hatte man nur, dass Zeit und Raum plötzlich keine fixen Grössen mehr sein sollten, sondern sich je nach Standort des Beobachters veränderten. Als Einstein am 2. April 1921 in New York erstmals amerikanischen Boden betrat, wurde er deshalb als Erstes nach einer allgemein verständlichen Erklärung seiner Arbeit gefragt. Einstein versuchte, die komplizierte Theorie so zu erläutern: «Früher hat man geglaubt, wenn alle Dinge aus der Welt verschwinden, so bleiben noch Raum und Zeit übrig. Nach der Relativitätstheorie verschwinden aber Raum und Zeit mit den Dingen.»

Einstein, der seit 1901 neben der deutschen auch die Schweizer Staatsbürgerschaft besass, wurde zur international gefeierten Persönlichkeit. Den Nobelpreis für Physik erhielt er aber 1921 ironischerweise nicht für seine bahnbrechende Relativitätstheorie, sondern für eine eher unbedeutende Entdeckung, nämlich dem Gesetz über die fotoelektrische Wirkung. Wo immer er auftauchte, drängten sich die Menschen um ihn, bestürmten ihn mit Fragen und versuchten, seine Hände und Kleider zu küssen.

Dies lag nicht nur an seinen wissenschaftlichen Verdiensten. «Die Popularität Einsteins beruht darauf, dass er kein Fachidiot war», glaubt der Einsteinbiograf Armin Hermann: «Er war ein furchtloser Kämpfer gegen das Unrecht in der Welt und hat schon früh den Nationalismus als eine der grossen Bedrohungen dieses Jahrhunderts erkannt.»

Während des Ersten Weltkriegs distanzierte sich Einstein, der ab 1914 an der Königlichen Preussischen Akademie der Wissenschaften in Berlin lehrte, entschieden von der Kriegshetze im Deutschen Kaiserreich. Die Massen, die mit Hurra-Rufen in die Schlacht zogen, gebärdeten sich in seinen Augen, «als wenn ihnen das Grosshirn amputiert worden wäre».

Nach 1916 gelang Einstein keine einzige bedeutende Entdeckung mehr. Mit seinem an Starrköpfigkeit grenzenden Bemühen, die Gravitationstheorie zu einer «erweiterten Feldtheorie» auszubauen, hatte er sich ins wissenschaftliche Abseits manövriert. Dafür wurde er mehr und mehr zu einer politischen Grösse. Aufgrund seiner politischen Einstellung galt Einstein im Ausland, wo nach 1918 ein regelrechter Deutschenhass herrschte, als «Botschafter eines besseren Deutschland» (Hermann). Die deutschen Nationalisten hingegen hassten ihn. Es genügte ihnen, dass Einstein Jude und Pazifist war, um seine Relativitätstheorie als «typischen Judenbetrug» zu diffamieren.

Als 1933 die Nazis an die Macht kamen, floh Einstein in die USA. Er schrieb dem amerikanischen Präsidenten Franklin D. Roosevelt einen Brief und empfahl ihm, eine Atombombe zu bauen. Nach dem Zweiten Weltkrieg bedauerte er seine Intervention, doch er fügte an, «die Wahrscheinlichkeit, dass

Albert Einstein: *Ulm 14.3.1879, †Princeton (N.J.) 18.4.1955, Physiker. Verheiratet mit Mileva Maric (Scheidung 1919). Kinder aus erster Ehe: Hans Albert, Eduard. Zweite Ehe mit seiner Cousine Elsa Einstein. Deutscher (bis 1894 und 1919–1933), Schweizer (ab 1901) und amerikanischer Staatsbürger (ab 1940).

die Deutschen am selben Problem mit Aussicht auf Erfolg arbeiten dürften, hat mich zu diesem Schritt gezwungen. Es blieb mir nichts anderes übrig, obwohl ich stets ein überzeugter Pazifist gewesen bin.»

Christof Dejung

Zum Weiterlesen

Armin Hermann: Einstein. Der Weltweise und sein Jahrhundert. Eine Biografie. Verlag Piper, München und Zürich 1994.

Die Dada-Künstlerin

Sophie Taeuber-Arp schuf eine neue Bildsprache. Die Avantgardistin beeinflusste die Entwicklung der konkreten Kunst massgeblich.

«Das Publikum rief nach der Polizei, nach dem Irrenarzt und nach dem Verbandskasten. Man drohte, zischte und weinte, Frauen fielen in Ohnmacht.» So beschrieb ein Beobachter die Szenerie rund um die ersten Aufführungen des Cabaret Voltaire an der Spiegelgasse in Zürich. Man schrieb das Jahr 1916, und das babysprachliche Wort «Dada» war in aller Munde als Bezeichnung für eine neue Kunstbewegung, die gegen den Krieg protestierte und die bestehenden Kunstauffassungen ablehnte.

Mit von der Partie war Sophie Taeuber. Die zierliche Frau versetzte mit sonderbaren tänzerischen Einlagen die Zuschauer, unter ihnen Lenin, in Erstaunen. Ein Jahr zuvor hatte sie Hans Arp, einen der Protagonisten der Dada-Bewegung, kennen gelernt. Sie verliebten sich, und er führte sie ins kleine Milieu der Avantgarde-Künstler ein. Zwischen den beiden entstand bald eine äusserst fruchtbare Arbeitsgemeinschaft. Er schrieb, sie gestaltete.

Für Taeuber war dies jedoch nur das halbe, das Nacht-Leben. Am Tag ging sie einer durchaus bürgerlichen Arbeit nach: Sie unterrichtete an der Kunstgewerbeschule. Diese Tätigkeit war ihr indes nicht bloss ungeliebter Broterwerb, sondern bereitete ihr auch Spass, wie ihr Schüler Max Bill festgestellt hat.

Dass die Frau für den Lebensunterhalt des Paares sorgte, erschien Taeuber nicht ungewöhnlich. Auch ihre Mutter hatte die Familie alleine durchbringen müssen. Die kreative handwerkliche Kunst beherrschte schon damals das rege Leben zuhause. Das prägte den Weg der jungen Sophie. Nach der Ausbildung zur Gewerbezeichnerin verschlug es das Mädchen vom Lande nach München und Hamburg, wo sie in

Kontakt mit der internationalen Künstlerszene kam. Da entstanden auch ihre ersten Arbeiten.

Ihren eigenen Stil entwickelte sie aber erst nach der Rückkehr nach Zürich. Charakteristisch für ihre frühen Werke sind geometrische Kompositionen. Sie ordnete mit Vorliebe Kreise, Quadrate und Dreiecke vertikal und horizontal an. Diese Bildsprache setzte die introvertierte Taeuber mit verschiedenen Materialien um. Sie arbeitete mit Stoff, Glas und Stift, schnitzte bizarre Köpfe und Figuren aus Holz. Hier kam auch das spielerische Element des Dadaismus zum Vorschein, der die «bürgerliche» Kunst lächerlich machen wollte.

Nach dem Ersten Weltkrieg löste sich der Dada-Schauplatz Zürich auf. Während Arp viel unterwegs war, arbeitete Taeuber weiter. 1926 erhielt das inzwischen verheiratete Paar in Strassburg den Auftrag, ein historisches Gebäude innen neu zu gestalten: die «Aubette». Hier konnte Taeuber ihre Fantasie wieder voll ausleben. Wände, Decken und Böden wurden mit schachbrettartigen Mustern versehen, die sich im Raum auf ihre ganz eigene Art entfalteten. «Sophie Taeuber-Arp war bei diesem Projekt auf dem Zenit ihres Schaffens», sagt Stanislaus von Moos, Professor für Kunstgeschichte an der Universität Zürich. «Dort hat sie die Brücke vom Dadaismus zum Konstruktivismus geschaffen.» Die Aubette gilt bis heute als wegweisendes Gesamtkunstwerk der Moderne.

Die Ausstattung von Räumen war nun Taeuber-Arps Inspiration. Diese nutzte sie auch für den Bau eines Eigenheims in der Nähe von Paris. Die dreissiger Jahre verliefen äusserst produktiv. Sie bewegte sich auf dem internationalen Parkett und gab die vielbeachtete Kunstzeitschrift «Plastique» heraus.

Sophie Taeuber-Arp: *Davos 19.1.1889, †Zürich 13. 1. 1943, Malerin, Plastikerin, Textilgestalterin. Verheiratet mit Hans Arp.

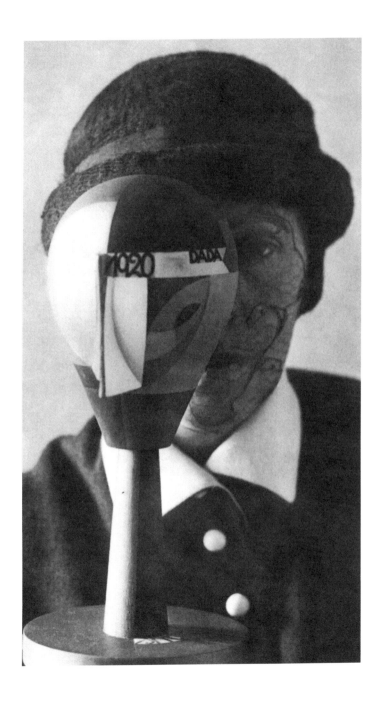

Nach Ausbruch des Zweiten Weltkriegs begann die Flucht vor Hitlers Truppen. Als Exponenten der sogenannt «entarteten Kunst» waren sie und Arp im besetzten Frankreich nie sicher vor den Nazi-Häschern gewesen. Die Odyssee endete 1942 wieder in Zürich. Doch nun war sie als Schweizerin mit französischem Ehemann und Pass eine Immigrantin im eigenen Land. An einem kalten Januarabend starb «die fleissige Träumerin», wie Arp sie nannte, bei einem Unfall im Haus von Max Bill.

Pascal Unternährer

Zum Weiterlesen

Suzanne Pagé, Erika Billeter (Hrsg.): Sophie Taeuber. 15 décembre 1989–18 mars 1990, Musée d'Art Moderne de la Ville de Paris; 30 mars–13 mai 1990, Musée Cantonal des Beaux-Arts de Lausanne. Paris-Musées 1989.

Stiftung für konstruktive und konkrete Kunst (Hrsg.): Sophie Taeuber-Arp. Die Raumgestaltung der Aubette in Strasbourg. Schriften 21, Zürich 1995.

Irma Hildebrandt: Die Frauenzimmer kommen. 16 Zürcher Portraits. Diederichs, München 1997.

Der Städteplaner

Le Corbusier wollte dem Maschinenzeitalter gemäss bauen und revolutionierte die Architektur des 20. Jahrhunderts.

Das amerikanische Time Magazine hat einen Schweizer zum wichtigsten Architekten des 20. Jahrhunderts erkoren: Le Corbusier. Der gelernte Graveur-Ciseleur aus La Chaux-de-Fonds prägte als architektonischer Autodidakt sein Metier – mit theoretischen Schriften, utopischen Projekten und mit realisierten Bauten.

Als 36-Jähriger veröffentlichte er 1923 seine Vision einer neuen Architektur «Vers une Architecture» mit der berühmten Definition: «Architektur ist das wunderbare, weise und korrekte Spiel geordneter Formen im Licht.» Der Neuenburger forderte eine dem Maschinenzeitalter angemessene Architektur: Häuser als Wohnmaschinen, Städte als durchrationalisierte Arbeits-, Verkehrs- und Wohneinheiten. «Wir müssen wieder bei Null beginnen», stellte er damals fest.

Zeitlebens beschäftigte sich Le Corbusier mit gigantischkühnen städtebaulichen Projekten. Die wichtigsten Beispiele sind die Ville Contemporaine (1922) mit dem Vorschlag, im Pariser Stadtzentrum achtzehn 60-stöckige Hochhaustürme aufzustellen. Und der Plan Obus für Algier, der vorsah, dem Meer entlang ein schleifenförmiges Endloshaus zu bauen, mit der Strasse auf dem Dach.

Mit Städten vom Reissbrett wollte Le Corbusier Ordnung ins urbane Chaos bringen. Seine Vorstellungen umsetzen konnte er 1950 mit dem Bau von Chandigarh, der neuen Hauptstadt des indischen Gliedstaats Pandschab. Das Ergebnis ist bis heute umstritten. Die Stadt sei lebensfeindlich, sagen die Kritiker. Stanislaus von Moos, Professor für Kunstgeschichte in Zürich, sieht Chandigarh hingegen als Beispiel einer erfolgreichen Stadtgründung, die in Indien zum Modell für ein besseres Leben geworden sei. Überhaupt habe Le Corbusier «bereits in den zwanziger Jahren Lösungen für Stadtprobleme gefunden, die dann um 1960 breitgetreten wurden.»

Das Ringen um Klarheit und Einfachheit manifestiert sich auch in Le Corbusiers Wohnhäusern. Als Grundform dient die Schachtel. Die Häuser sind oft auf Stelzen gebaut, dünnwandig und schwebend. Diese Funktionalität und Leichtigkeit verkörpern zahlreiche Villen genauso wie grössere Bauten, etwa der Pavillon Suisse in der Pariser Cité Universitaire.

Wenig Glück hatte Le Corbusier mit seinen Vorschlägen für Verwaltungs- und Parlamentsgebäude: Sein Projekt für den Völkerbundspalast in Genf (1927) wurde ebenso wenig realisiert wie jenes für den Sowjetpalast (1930). Das UN-Generalsekretariat in New York (1947) orientiert sich an seinem Projekt, wurde aber von einem amerikanischen Architekten umgesetzt.

Bei aller Liebe zu klaren Linien konnte der Meister auch anders: Im französischen Ronchamp baute er 1950-1954 eine Wallfahrtskirche, deren plastisch runde Formen eine Richtungsänderung der modernen Architektur hin zur freien künstlerischen Gestaltung auslösten.

Die Kehrseite von Le Corbusiers Naturell als kühner Denker und Weltverbesserer war sein Hang zum Autoritarismus. Seine Ideen hielt er für die einzig richtigen, und er sympathisierte mit autoritären Regimes: Während des Zweiten Weltkriegs arbeitete er in Frankreich für die nazihörige Vichy-Regierung. Le Corbusier war auf die Mächtigen angewiesen, um seine Ideen umsetzen zu können.

Thomas Gull

Le Corbuiser: *La Chaux-de-Fonds 6.10.1887 als Charles-Edouard Jeanneret, ab 1920 Pseudonym Le Corbusier, seit 1930 franz. Staatsbürger. †Roquebrune 27.8.1965 (Südfrankreich). Architekt, Maler und Bildhauer. Verheiratet mit Yvonne Gallis.

Zum Weiterlesen

Stanislaus von Moos: Le Corbusier, Elemente einer Synthese. Huber Verlag, Frauenfeld 1968.

William J.R. Curtis: Le Corbusier, Ideas and Forms. Phaidon Press, Oxford 1986.

Der Detailhändler

Mit der Gründung der Migros revolutionierte
Gottlieb Duttweiler *den Schweizer Detailhandel.*

Revolutionäres tut sich am 25. August 1925 in Zürich: Zum ersten Mal fahren fünf Verkaufswagen der Migros aus. Ein paar Tage vorher hatte Firmengründer Gottlieb Duttweiler mit einem Flugblatt auf das neue Angebot aufmerksam gemacht: «An die Hausfrau, die rechnen muss! – an die intelligente Frau, die rechnen kann!» Zur Geschäftsphilosophie der Migros war da zu lesen: «Grundsätze des Grosshandels im Kleinverkauf angewendet – statt Reklamekultus sachliche Prüfung. Grosser Umsatz, kleiner Gewinn, frischeste Ware.»

Das war das Erfolgsgeheimnis der Migros: Ihre fahrenden Läden haben Güter des täglichen Bedarfs zu markant tieferen Preisen angeboten als die Konkurrenz. Voraussetzung dafür war eine knallharte Kalkulation und eine effiziente und günstige Verteilorganisation. Der Zwischenhandel wurde weitgehend ausgeschaltet.

Duttweiler verstand seine Geschäftsidee als Brücke zwischen Produzenten und Konsumenten. Die Brücke wurde zum Symbol der Migros. Da viele Produzenten das Unternehmen boykottierten, stellte die Migros bald einen Teil ihrer Waren selbst her. Oft wurden dabei Markenartikel kopiert und mit Namen versehen, die auf das ursprüngliche Produkt anspielten.

Die Idee mit den Verkaufswagen hatte Duttweiler beim amerikanischen Auto-Tycoon Henry Ford abgekupfert, der so die Arbeiter in seinen Automobilwerken versorgte.

Für den gelernten Kaufmann Duttweiler war die Migros die zweite Chance zu reüssieren: Der erste Anlauf als Partner im Handelsgeschäft Pfister & Duttweiler endete mit der Liquidation der Firma 1923. Die Migros hingegen wurde zur Erfolgsgeschichte. Die ersten Jahre waren allerdings hart. Von den Hausfrauen wurde die Migros geliebt, von den Detail-

händlern vehement bekämpft. Duttweiler und seine Mitstreiter wurden als Totengräber des Kleingewerbes dämoni-
siert. «Ich wusste nie, wollen die Leute mich umarmen oder
schlagen», erinnerte sich «Dutti» später.

Mit dem Erfolg wuchs auch der Widerstand. Die Migros
wurde zum Politikum. Zuerst in einzelnen Kantonen, dann
auch auf Bundesebene. Die Gegner brachten 1933 einen
dringlichen Bundesbeschluss durch, der der Migros unter-
sagte, neue Filialen zu eröffnen. Obwohl das Filialverbot gegen die in der Verfassung garantierte Handels- und Gewer-
befreiheit verstiess, wurde es erst 1946 wieder aufgehoben.
Duttweiler ging den Auseinandersetzungen nicht aus dem
Weg. Für den politischen Kampf gründete er 1936 den Lan-
desring der Unabhängigen. Auf Anhieb eroberte die Partei
in Zürich, St. Gallen und Bern sieben Nationalratssitze. Daneben profilierte sich Duttweiler als Verleger und Publizist:
1935 wurde die «Tat» lanciert, die zuerst als Wochenzeitung
und von 1939 bis zu ihrer Einstellung 1978 als Tageszeitung
erschien. Heute gibt die Migros noch drei Wochenzeitungen
in drei Landessprachen heraus.

Die Gegner warfen Duttweiler vor, er kämpfe mit «handels-
messianischer Besessenheit» für seine Ideen. Sein poltern-
der Populismus machte ihn beim Establishment unbeliebt.
Duttweiler sah sich als Fürsprecher der kleinen Leute und
forderte oft das «Volk» auf, ihn und die Migros zu unterstüt-
zen. Meist waren diese Aktionen sehr erfolgreich.

Bei allem Geschäftssinn war Duttweiler, «ein sozialer
Mensch», erinnert sich sein langjähriger Weggefährte Peter
P. Riesterer: «Er sagte stets: Wir müssen dienen. Der Mensch
soll im Mittelpunkt stehen und nicht das Umsatzdenken.»
Mit dem sozialen, kulturellen und politischen Engagement

Gottlieb Duttweiler: *Zürich 15.8.1888, †Rüschlikon 8.6.1962.
Kaufmann, Gründer der Migros, Politiker. Verheiratet mit Adele
Bertschi.

ihres Gründers ist die Migros über ihr Kerngeschäft hinaus zu einer nationalen Institution geworden.

Bereits 1941 vermachten Duttweiler und seine Frau Adele die Migros ihren Kundinnen und Kunden – das Unternehmen mit einem Wert von rund 16 Millionen Franken wurde zur Genossenschaft. Dass da einer sein hart erkrampftes Vermögen einfach so verschenkte, kam vielen wohl etwas spanisch vor. Duttweiler kümmerte das wenig. Es war nicht das einzige Mal, dass er mit seinen Ideen Kopfschütteln auslöste.

Thomas Gull

Zum Weiterlesen

Curt Riess: Gottlieb Duttweiler. Eine Biografie, Zürich 1958.

Alfred A. Häsler: Das Abenteuer Migros. Migros-Genossenschafts-Bund, Zürich 1985.

Die Ruhelose

__Annemarie Schwarzenbach__ war eine verwirrende Persönlichkeit und tragische Ausnahmeerscheinung in ihrer Zeit. Die bekennende Lesbe wurde erst in den achtziger Jahren literarisch entdeckt.

Sie kleidete sich wie ein Mann, trug einen Pagenschnitt und liebte Frauen. Sie fuhr schnelle Autos, trank exzessiv Alkohol und nahm Morphium. Annemarie Schwarzenbach war in der Schweiz der dreissiger Jahre eine wandelnde Provokation.

Sie entstammte einer hochangesehenen Grossindustriellen-Familie, ihre Mutter war eine Generalstochter aus dem Hause Wille-Bismarck. Bereits mit 23 Jahren erlangte Schwarzenbach die Doktorwürde in Geschichte. Doch sie war nicht bereit, den Part der für sie vorgesehenen «glänzenden Partie» zu geben und suchte bald ein Ventil für die erdrückende Hassliebe zu ihrer Mutter.

Die Begegnung mit Erika und Klaus Mann, den Kindern Thomas Manns, wurde zum Wendepunkt in Schwarzenbachs Leben. Sie verliebt sich in Erika und folgt ihr 1931 nach Berlin. Es ist das Berlin der wirtschaftlichen Depression und der politischen Verhärtung. Schwarzenbach erhält aber auch Einblick in die hauptstädtische Boheme.

Dieses von bürgerlichen Banden befreite Leben fasziniert sie. Sie beginnt zu schreiben und engagiert sich gegen den Chauvinismus und Nationalsozialismus. Erste Werke wie «Flucht nach oben» entstehen. In Berlin kommt es auch zur ersten Begegnung mit Morphium, einer Droge, die sie ab jetzt stets begleiten sollte. Was zuerst gegen ihre Depressionen und ihre verzweifelte Angst vor dem Alleinsein wirken sollte, stürzt sie in eine fatale Abhängigkeit. In Zukunft mehren sich die Abstürze und darauf folgende Klinikaufenthalte. Die Spannungen zwischen Annemarie und ihrer Mutter, von der sie sich zeitlebens auch aus finanziellen Gründen nicht lösen kann, werden für sie immer unerträglicher. Deshalb ist sie immer unterwegs, macht Fotoreportagen und reist zweimal in den Vorderen Orient.

Ein Eklat um das antifaschistische Cabaret «Pfeffermühle» der Geschwister Mann in Zürich, das dem Schwarzenbach-Clan ein Dorn im Auge ist, führt zum Streit mit der eigenen Familie wie auch mit den Manns.

Die sensible Frau ist verzweifelt und unternimmt einen Selbstmordversuch. Ihre Mutter schickt sie daraufhin wieder nach Persien, wo sie sich mit einem homosexuellen französischen Botschafter vermählt.

Schwarzenbach findet für kurze Zeit ein bisschen Ruhe und schreibt an ihrem Roman «Tod in Persien», den sie später überarbeiten und unter dem Titel «Das glückliche Tal» veröffentlichen wird. Darin erzählt sie aus der Perspektive eines Mannes, was eine lesbische Frau fühlt.

«Der Inhalt des Romans ist symbolisch für ihre stete innere Zerrissenheit», sagt der Publizist Charles Linsmayer. «Doch er ist auch nur ein Mosaikstein, der zusammen mit den Reportagen und ihren erschütternden Briefen aus ihr eine zeitgeschichtlich höchst interessante Figur formt.»

In den folgenden Jahren reist Schwarzenbach atemlos umher, eilt von einer unglücklichen Liebschaft zur anderen. Sie kann aber Erika Mann, die sie verstossen hat, nicht vergessen. Die einzige Konstante ist das Schreiben.

Im November 1942 stirbt sie 34-jährig an den Folgen eines Velounfalls im von ihr geliebten Engadin. Es ist ein jähes Ende eines unverstandenen Lebens. Ihre Mutter verbrennt alle ihre Tagebücher.

Die Biografien über Annemarie Schwarzenbach, die Überschriften wie «Der untröstliche Engel» oder «Das Leben zerfetzt sich mir in tausend Stücke» tragen, zeigen ihr Leben als

Annemarie Schwarzenbach: *Zürich 23.5.1908, †Sils (GR) 15.11.1942, Schriftstellerin, Reisejournalistin. Verheiratet mit Claude Clarac.

Gratwanderung zwischen Euphorie und depressiver Einsamkeit. Ihr Vermächtnis ist eines der bittersten Zeugnisse der Schweizer Literatur der ersten Hälfte des 20. Jahrhunderts.

«Annemarie Schwarzenbach wurde in ihrer Zeit höchstens als Reisende aus vermögendem Haus wahrgenommen», stellt Linsmayer fest. «Ab Mitte der achtziger Jahre wurde sie als eine Art Symbolfigur entdeckt. Jugendliche mit ihren ersten Erfahrungen mit Sexualität und Drogen fühlten sich angesprochen von dieser androgynen und engelhaft modernen Gestalt, die Tabus brach und Rebellisches in sich trug.»

Pascal Unternährer

Zum Weiterlesen

Annemarie Schwarzenbach: «Das glückliche Tal.» Mit einem biografischen Nachwort von Charles Linsmayer. Verlag Huber, Frauenfeld 1988.

Uta Fleischmann (Hrsg.): «Wir werden es schon zuwege bringen, das Leben.» Annemarie Schwarzenbach an Erika und Klaus Mann. Briefe 1930–1942. Centaurus-Verlagsgesellschaft, Pfaffenweiler 1993.

Elvira Willems (Hrsg.): Annemarie Schwarzenbach. Autorin – Reisende – Fotografin. Dokumentation des Annemarie-Schwarzenbach-Symposiums in Sils/Engadin vom 25. bis 28. Juni 1998. Centaurus-Verlagsgesellschaft, Pfaffenweiler 1998.

Die Kommunistin

Amalie Pinkus-De Sassi kämpfte für eine gerechtere und menschlichere Welt. Trotz Parteiausschluss blieb sie den kommunistischen Idealen treu.

Oktober 1931: Mit 21 Jahren verlässt Amalie De Sassi zum ersten Mal die Schweiz. Die Reise führt sie über Berlin gleich in die Sowjetunion, nach Taschkent an einen Kongress der Internationalen Arbeiterhilfe. Dort trifft sie junge Leute aus der ganzen Welt. Alle sind sie mittellos. Gemeinsam aber glauben sie, eine neue menschlichere Welt aufbauen zu können, Elend und Unterdrückung ein Ende setzen zu können. Die junge Frau ist beeindruckt. Zurück in Zürich tritt sie der Kommunistischen Partei, der KPS, bei, wird «Zellenobmann» und Mitglied der Zürcher Parteileitung. Ein Jahr darauf lernt die in Zürich aufgewachsene Tessinerin im Kommunisten-treff «Inti» Theo Pinkus kennen, einen schmächtigen, aber rede- und weltgewandten Buchhändler. 1939 heiraten sie, und Amalie bekommt ihr erstes Kind.

Es ist eine schwierige Zeit. Insbesondere für Kommunisten: Die Partei wird 1940 verboten. Theo ist arbeitslos, Amalie sorgt für Kinder, Haushalt und Einkommen.

1943 trifft sie ein harter Schlag. Die im Untergrund agieren-de KP-Führung hat sich heillos zerstritten. Die siegreiche Fraktion beginnt, die Partei von unliebsamen Genossen zu säubern. Theo wird ausgeschlossen, Amalie – als seine Frau – zugleich stillschweigend von der Mitgliederliste gestri-chen. «Ich begriff es einfach nicht, denn ich hätte mich damals eher von Theo getrennt als von der Partei», berichte-te sie Jahrzehnte später. Ihr wird zum ersten Mal bewusst, dass es auch innerhalb der kommunistischen Bewegung keine Gleichberechtigung gibt.

Den Ausschluss verzeiht die prinzipientreue Frau der Partei nie. Theo macht nach dem Krieg bei der Partei der Arbeit mit, der Nachfolgeorganisation der KPS. Amalie hingegen tritt für den Rest ihres Lebens der Sozialdemokratischen Partei bei, obwohl ihr die SP zu bieder, zu bürgerlich ist und obwohl die Sozialdemokraten erst noch antikommunistisch sind.

Nach dem Krieg bauen die Pinkus verschiedene Projekte auf. Die legendäre Buchhandlung entsteht, später das Bildungs- und Ferienzentrum Salecina bei Maloja und die Studienbibliothek zur Geschichte der Arbeiterbewegung.

Auf Schritt und Tritt werden Amalie und Theo Pinkus von der Bundespolizei überwacht. Die Fichenaffäre bringt es ans Licht. Über tausend Vermerke, datierend von 1932 bis 1990, haben die eifrigen Staatsschützer über das linke Ehepaar angelegt. Das ist Schweizer Rekord. Und das Resultat der jahrzehntelangen Observierung? Null und nichts.

Die Pinkus nehmen lediglich ihre politischen Rechte wahr. In den fünfziger und sechziger Jahren sind sie in der Anti-Atomwaffen-Bewegung aktiv. Sie fehlen an keinem Ostermarsch. Amalie verlagert den Schwerpunkt ihrer Arbeit nun mehr und mehr auf Frauenfragen. Sie kämpft für das Frauenstimmrecht und die Mutterschaftsinitiative, engagiert sich in der Frauenbefreiungsbewegung und der Infra, der Internationalen Frauenliga, die sie massgebend prägt.

In all ihren unzähligen Tätigkeiten war und blieb Pinkus-De Sassi eine Basisaktivistin. Sie hatte nie ein wichtiges Amt inne. Auch schrieb sie nie ein grundlegendes Werk und hielt nie eine berühmte Rede. Doch die konsequente Kämpferin verkörperte so etwas wie das Gewissen der Linken. Für die neue Frauenbewegung war sie eine Integrationsfigur. Die Bekanntschaft mit ihr motivierte viele Frauen zu einem eigenen Engagement. «Hinter ihrem bescheidenen Auftreten steckte eine willensstarke Persönlichkeit», sagt Filmemacher

Amalie Pinkus-De Sassi: *Zürich 4.7.1910, †Zürich 10.2.1996, Sozialistin und Feministin. Verheiratet mit Theo Pinkus, drei Kinder: Marco, André und Felix.

76

und Pinkus-Biograf Werner Schweizer. «In ihren politischen Ansprüchen und Zielen war Amalie ganz unbescheiden, kraftvoll und beharrlich.»

Pinkus-De Sassi hat im Laufe ihres Lebens die eigene Haltung oft hinterfragt. An der kommunistischen Vision einer besseren Welt, die sie in jungen Jahren kennen gelernt hatte, zweifelte sie hingegen nie. 1992, drei Jahre nach dem Mauerfall, antwortete sie auf die Frage, ob sie als Kommunistin vergebens gekämpft habe. «Ich denke nicht, dass Sozialismus oder Kommunismus grundsätzlich nicht möglich sind oder dass gar der Marxismus abgeschrieben werden muss, doch zuerst muss den Fehlern nachgegangen werden, die gemacht wurden, gerade auch in den sozialistischen Ländern.»

Patrick Kupper

Zum Weiterlesen

Rudolf M. Lüscher, Werner Schweizer: Amalie und Theo Pinkus-De Sassi. Leben im Widerspruch. Limmat Verlag, Zürich 1992.

Nachlass: Studienbibliothek zur Geschichte der Arbeiterbewegung, Zürich.

Der Industrielle

*Der Industriemagnat **Max Schmidheiny** war einer
der mächtigsten Männer der Schweiz.*

Max Schmidheiny wusste es schon kurz nach der Matur:
Er wollte in die Fussstapfen seines Vaters, eines Grossindus-
triellen, treten. Dieser schickte den 18-Jährigen aber an die
ETH nach Zürich, wo sich Max zum Maschineningenieur aus-
bildete. Die Welt des Handels interessierte den jungen Mann
hingegen auch in der Folge mehr. So fing er an, die Buchhal-
tung des Vaters nachzutragen, der vieles nicht schriftlich
festhielt.

Branchenerfahrung sollte der hoffnungsvolle Spross nach
alter Schmidheiny-Tradition von der Pike auf in der
Zementfabrik sammeln. Max wurde als Kranführer in die
Steinbrüche des familieneigenen Zementunternehmens
nach Holland abgeordnet.

Als 1935 Vater Ernst starb, übernahmen er und sein älterer
Bruder Ernst das grosse Erbe. Schon zwei Jahre zuvor war
Max Schmidheiny als 25-Jähriger Chef des Eternitwerkes in
Niederurnen geworden. Dort verdiente er seine Manager-
sporen ab, indem er das Unternehmen mit grossem Elan und
im Clinch mit den älteren Kadern modernisierte.

In dieser Zeit war auch die Schweiz von der Weltwirt-
schaftskrise betroffen. Es gelang «Sir Max», wie er in seiner
Rheintaler Heimat genannt wurde, die Arbeitsplätze seiner
Lieblingsfabrik, dem Optik-Unternehmen «Wild-Heer-
brugg», zu sichern. Dabei kam ihm gelegen, dass aufgrund
des nahenden Krieges die in- und ausländische Rüstungsin-
dustrie vermehrt auf optische Geräte angewiesen war.

«Max Schmidheiny war ein typischer Patron, der sich verantwortlich fühlte für seine Belegschaft und Region. Er
war einer der letzten, die als Familienunternehmer ihr Ka-
pital noch personifiziert haben», sagt der Publizist Christ-
toph Keller. Die Kehrseite: Wer Schmidheiny gegen sich

aufbrachte, der fand im Rheintal in der Regel keine Arbeit mehr.

Der Zweite Weltkrieg stoppte Schmidheinys Expansionsdrang nicht. Er arrangierte sich sowohl mit den Deutschen wie auch mit den Alliierten und belieferte beide Kriegslager. Sein opportunistisches Motto: Verkaufen, wo man verkaufen kann. Um die vielen Ableger im Ausland, zum Beispiel in Ägypten, persönlich zu beaufsichtigen, benötigte er für die Reise durch Kriegsgebiet diverse Bewilligungen. So reiste er dank seiner guten Verbindungen problemlos erst mit deutschen Visa durch den Balkan, anschliessend mit englischen Passierscheinen durch den Nahen Osten.

Auch nach dem Krieg schien sich alles, was Schmidheiny anrührte, in Gold zu verwandeln. Also diversifizierte er, baute im Rheintal Strassenbahnen und Wasserkraftwerke, stellte Zündhölzer her und investierte in die Schweizer Erdölforschung. Später stieg er auch bei Brown Boveri & Cie. in Baden ein und baute die Firma zum Weltkonzern aus.

Für Schmidheiny war klar, dass sich Wirtschaftsführer politisch engagieren müssen. Der leidenschaftliche Jäger sass in lokalen und kantonalen Räten und ab 1959 vier Jahre lang für die FDP im Nationalrat. Dort langweilte er sich aber und fand, dass er den Interessen der Schweizer Wirtschaft besser als Nur-Unternehmer dienen könne. Keller: «Als Politiker war er ein radikaler Liberaler. Das Prosperieren der Wirtschaft war ihm wichtiger als das Wohl der Eidgenossenschaft. In allen seinen Voten nahm er den Standpunkt des Unternehmers ein. Er sprach sich stets gegen staatliche Reglementierung und für wirtschaftliche Deregulierung aus.» Dies steht allerdings im Widerspruch zu der Tatsache, dass er

Max Schmidheiny: *Heerbrugg (SG) 3.4.1908, †Altstätten (SG) 19.8.1991, Unternehmer, Politiker. Verheiratet mit Margrit Glarner, dann mit Adda Scherrer, vier Kinder.

und seine Familie enorm von den schweizerischen Kartell-gesetzen in der Zementbranche profitierten.

Der Mann mit dem eisernen Willen, der von einer deutschen Zeitschrift als «Mächtigster der Eidgenossenwirtschaft» bezeichnet wurde, engagierte sich auch im Sozialen und Kulturellen. So richtete Schmidheiny einige wohltätige Stiftungen ein und förderte etwa die Sanierung der Kartause Ittingen. Zusammen mit seiner Frau Adda akkumulierte er eine eindrückliche Sammlung an Werken von Ferdinand Hodler.

Bis ins hohe Alter überwachte Schmidheiny seine Geschäfte selbst. Seine Nachfolge regelte er frühzeitig, indem er das Firmenimperium seinen Söhnen Thomas und Stephan vermachte.

Derzeit führt mit den beiden und ihrem Cousin Jacob die vierte Generation die milliardenschweren Geschäfte des Schmidheiny-Clans.

Pascal Unternährer

Zum Weiterlesen

Hans O. Staub: Von Schmidheiny zu Schmidheiny. Verein für wirtschaftshistorische Studien. Meilen 1994.

Christoph Keller: Der Opportunist. In: Das Magazin. Nr. 11/1999, S. 24–36.

Die Kleinkünstlerin

*Elsie Attenhofer war eine zentrale Figur
des legendären Cabarets Cornichon. Mit der Waffe
des Humors kämpfte sie gegen Unrecht und
Unterdrückung.*

«Wie ein Volkslied geh' ich durchs Lokal», trällerte in den
dreissiger Jahren eine züchtig gekleidete Serviertochter von
der Bühne des Zürcher Hotels Hirschen. «Doch in meinen
Träumen, da bin ich ganz anderscht, da bin ich von der Gre-
ta ein Stück, ... da bin ich ein Famp, ein Famp, ein Famp! ...
Und dann hab' ich noch zu allem anderen den Sechs-, den
Sechs-, den Sechs-, noch den Sechs-Appil von der Mae West!»
«Das alkoholfreie Mädchen», eine Persiflage auf die alkohol-
freien Restaurants, war 1934 Elsie Attenhofers erste Solo-
nummer und eines der Glanzstücke des eben gegründeten
Cabarets Cornichon, das sich in den folgenden Jahren als
antifaschistisches Kleintheater einen Namen machte.
Das Cornichon nannte Dinge beim Namen, über die andere
kaum zu sprechen wagten. «Ohne Angst vor irgendwelchen
persönlichen Konsequenzen fochten Elsie Attenhofer und
ihre Mitstreiter gegen die nationalsozialistischen Ideen», erinnert sich der Kabarettist César Keiser, der Attenhofer erstmals gegen Ende des Krieges in Basel sah. Der Gymnasiast
Keiser war tief beeindruckt vom Engagement und Mut der
Truppe, deren Mitglieder alle auf der schwarzen Liste der
Gestapo figurierten.
Nach dem Krieg zog Attenhofer mit ihrer One-Woman-Show
durch Europa. «Als Kabarettistin verstand es Elsie Attenhofer, ihre zeitkritischen Gedanken mit viel Humor auf die
Bühne zu bringen», sagt Keiser. «Ihre Zivilcourage ist vor-
bildlich für alle, die sich zu Gegenwart, Politik und Regierung äussern.»
Mit fast 70 Jahren gründete Attenhofer nochmals ein Kaba-
rett, die «Sanduhr», mit dem sie allerdings nicht an die frü-

heren Erfolge anknüpfen konnte. Das «Cabaret der radikalen Mitte», wie sie es verstand, war vielen zu bieder und konservativ. Ihre Cornichon-Reprisen lösten hingegen weiterhin Begeisterung aus.

Attenhofer war aber nicht nur Kabarettistin, sie stand auch auf der grossen Bühne des Theaters und spielte in zahlreichen Schweizer Filmen mit. 1938 glänzte sie im Strassenfeger «Füsilier Wipf» als stürmische Coiffeurstochter Rosa Wiederkehr. Und nach dem Krieg spielte sie die Tante Dete im «Heidi».

Zudem verfasste die vielseitig begabte Künstlerin Bücher und Schauspiele. Besonders am Herzen lag Attenhofer ihr erstes Bühnenstück. Aufgerüttelt von einem Zeitungsbericht über Razzien gegen Juden in Paris, schrieb sie 1943 «Wer wirft den ersten Stein?», ein Stück gegen den alltäglichen Antisemitismus in der Schweiz.

«Solche Stücke (...) könnten im Schauspielhaus nicht gespielt werden», beschied ihr die Zürcher Pfauenbühne. Die Uraufführung fand daher in Basel statt unter der Regie von Max Werner Lenz, Attenhofers langjährigem Stückeschreiber aus dem Cornichon.

Um ihre Ideen zu verwirklichen, brach die Tochter eines kleinbürgerlichen Zürcher Hoteliers schon früh in Männerbastionen ein. 1931 erwarb sie sich als eine der ersten Frauen den Pilotenschein. Nach Ausbruch des Zweiten Weltkriegs diente sie als Rotkreuzfahrerin.

Kurz darauf heiratete Attenhofer den Germanisten Karl Schmid, den sie bei den Dreharbeiten für den «Füsilier Wipf» kennen gelernt hatte. Sie liess sich aber nicht wie viele Frauen in dieser Zeit an den heimischen Herd fesseln, sondern verstand es, Familie und Karriere unter einen Hut zu bringen.

Elsie Attenhofer: *Lugano 21.2.1909, †Bassersdorf 16.6.1999, Kabarettistin, Schauspielerin, Autorin. Verheiratet mit Karl Schmid, zwei Kinder.

1998, ein Jahr vor ihrem Tod, wurde ihr eine seltene Ehre zuteil. Der Kanton Zürich verlieh Attenhofer die goldene Ehrenmedaille für ihr «Engagement für Demokratie und Menschlichkeit».

Patrick Kupper

Zum Weiterlesen

Elsie Attenhofer: Cornichon – Erinnerungen an ein Cabaret. Meier Verlag, Schaffhausen 1994.

Elsie Attenhofer: Réserve du Patron. Im Gespräch mit K. Rothenhäusler Verlag, Stäfa 1989.

Irma Hildebrandt: Die Frauenzimmer kommen. 16 Zürcher Portraits. 2. erw. Aufl., Diederichs, München 1997.

Der Torschütze

*Im «Jahrhundertspiel» an der Fussball-WM 1938 in Frankreich erzielte **Génia Walaschek** gegen Grossdeutschland das erste Tor.*

«Grossdeutschland – Schweiz, das ist mehr als ein Spiel, das ist der siegreiche deutsche Goliath gegen den Schweizer David, das ist das Spiel des Jahrhunderts», reportiert die Radiostimme am 9. Juni 1938 resigniert in die Schweizer Stuben. Soeben ist die grossdeutsche Equipe, die mit fünf Wienern angetreten ist, im Wiederholungsspiel des WM-Achtelfinals durch ein Schweizer Eigentor 2:0 in Führung gegangen.

Doch dann setzt ein Sturmlauf der «Rotjacken» auf das gegnerische Tor ein. Kurz vor der Pause setzt Rechtsfüsser Walaschek zu einem Gewaltschuss an und skort. «Wo noch Leben ist, da ist auch Hoffnung!», so der Reporter. In der Tat: Die zweite Halbzeit beschert den Zusehern im Pariser Parc des Princes ein grosses Spektakel. Durch Tore von Fredy Bickel und zweimal Trello Abegglen gewinnt die Schweiz verdient mit 4:2.

Der Sieg löst unter den die Schweiz anfeuernden französischen Zuschauern und den Zuhörern zuhause einen wahren Freudentaumel aus. In den Schweizer Strassen wird spontan getanzt und die alte Nationalhymne gesungen: «Heil dir, Helvetia.»

Auch die Printmedien überschlagen sich am folgenden Tag. Die noble NZZ bringt erstmals in ihrer Geschichte eine Sportmeldung auf der Frontseite. Die hiesigen Zeitungen berichten teils in derbem Kriegsvokabular. Sie schreiben von «Festungen», «Streitkräften», «Zerstörung» und «Kapitulation» und beschwören den «Schweizer Kameradschaftsgeist».

Der Historiker Christian Koller bewertet das Ereignis so: «Nach dem Spiel wurde der Fussball Teil der geistigen Landesverteidigung. Der Erfolg wurde nicht als Fussballsieg gewertet, sondern als patriotische Tat. Vorher waren eher spezifisch schweizerische Sportarten wie Schwingen gefördert worden.»

Die Politik bemächtigte sich des Triumphs. Die Rechte bemühte den Tellen-Mythos «Kleiner besiegt Grossen», die Linke wetterte gegen das Dritte Reich, dessen «deutsche» Spieler nicht mit jenen des annektierten Österreich harmonierten. Koller: «Ab diesem Zeitpunkt hatte der Fussball die Unterstützung der Politiker, war auch bei jedem Cupfinal ein Bundesrat anwesend.»

Noch am Tag des Sieges schickte Bundesrat Rudolf Minger ein Telegramm ins Schweizer Lager: «Die tapfere schweizerische Nationalmannschaft beglückwünsche ich zu dem prächtigen Sieg, der mit vorbildlichem Einsatz errungen wurde. Mit eidgenössischem Gruss, Minger, Bundesrat.»

Daran erinnert sich Génia Walaschek gerne: «Wir haben unzählige Telegramme erhalten. Doch auf jenes von Minger war ich besonders stolz. Es war einfach mein Spiel. Sportlich gesehen war ja unser allererster Sieg gegen England zwei Monate zuvor einiges mehr wert gewesen. In der Schweiz sind wir nie so unterstützt worden wie in Paris durch die lauten Franzosen. Auch die Schweizer Medien hatten uns schon vorher abgeschrieben.»

Dabei war lange Zeit nicht klar gewesen, ob Walaschek überhaupt spielen durfte. Denn er hatte keinen Schweizer Pass. Génia Walaschek ist als Sohn eines tschechischen Musiklehrers in Russland geboren. Seine Grossmutter nahm den Zweijährigen kurz nach der Russischen Revolution mit in die Schweiz. Sie war Russin, hatte einen Schweizer geheiratet und trug den Namen Morel.

Walaschek wuchs in Genf auf, studierte Wirtschaft und spielte Fussball. Sein Talent brachte ihn bald ins Kader der Natio-

Génia Walaschek: *Moskau 20.6.1916, Fussballer, Ökonom. Verheiratet mit Jeanette Lescaze, eine Tochter: Natacha.

nalmannschaft, obwohl er offiziell staatenlos war und einen Flüchtlingspass besass.

Vor der WM 1938 hatte er sich ohne Erfolg um die Schweizer Staatsbürgerschaft bemüht. «Trainer Rappan sagte mir: Du begleitest uns und nimmst Deine Fussballschuhe mit. Nach dem Sieg gegen die Deutschen bekam ich den Schweizer Pass im Nu», lacht heute Walaschek, der auch neben dem Fussballplatz Karriere als Finanzdirektor der Stadt Genf gemacht hat. Der frühere Servette- und Young Boys-Spieler ist froh, dass die Fifa damals für ihn eine Ausnahme gemacht hat. Das hat dem 25fachen Internationalen den schönsten Moment seiner Fussballerlaufbahn beschert.

Pascal Unternährer

Zum Weiterlesen

Fabian Brändle, Christian Koller: «Man fühlte, dass die Eidgenossen eine Glanztat vollbracht hatten.» Fussball und Geistige Landesverteidigung in der Schweiz. In: «Stadion», Internationale Zeitschrift für Geschichte und Sport, Köln, Nr. 25/1999.

Giovanni Orelli: Il sogno di Walacek. Einaudi. Torino 1991.

Gottfried Schmid (Hrsg.): Das goldene Buch des Schweizer Fussballs. Verlag Domprobstei, Basel 1953.

Der Lebensretter

*Der St. Galler Polizeikommandant **Paul Grüninger** rettete Tausenden von Juden das Leben – und wurde damit zum Gesetzesbrecher.*

Ohne Paul Grüninger wäre Frieda Prossner heute nicht mehr am Leben. Am 24. August 1938 schaffte sie es, die Schweizer Grenze bei Diepoldsau zu überqueren. Dort wurde sie ins Flüchtlingslager gebracht. Zwei Tage später besuchte der St. Galler Polizeikommandant Paul Grüninger das Lager. «Der Lagerleiter wollte mich zurückschicken», erzählt Prossner in Richard Dindos Film über Grüninger. «Da sagte Hauptmann Grüninger: ‹Bitte einen Moment Ruhe. Wir wissen genau, was mit dem Mädchen geschieht, wenn wir es ausweisen, und ich erlaube, dass es hierbleibt›.»
Die Intervention für Frieda Prossner ist der erste bekannte Fall, bei dem Grüninger unter Umgehung der eidgenössischen Bestimmungen die Abschiebung eines jüdischen Flüchtlings verhinderte. Im August 1938 hatten die Schweizer Behörden die Einreise von Juden in die Schweiz verboten. Die Grenzstellen hatten Anweisung, die betreffenden Flüchtlinge zurückzuweisen. Doch Hauptmann Grüninger hielt sich nicht daran: Er stellte gefälschte Ausweise aus und liess die Einreisedaten vordatieren, um den Aufenthalt der Flüchtlinge im Nachhinein zu legalisieren. So rettete er zwischen Sommer 1938 und Frühling 1939 mehrere hundert, vielleicht sogar mehrere tausend Menschen vor dem sicheren Tod in den Konzentrationslagern der Nazis.
Wer war dieser Paul Grüninger, der als Polizeibeamter die Menschlichkeit über die Paragraphen stellte? «Grüninger war in jeder Hinsicht ein normaler Mensch», sagt Stefan Keller, Verfasser eines Buches über den Fall Grüninger. «Ein biederer, rechtschaffener Beamter, Mitglied der Freisinnig-Demokratischen Partei.» Bis zum Sommer 1938 habe es keine Anzeichen gegeben, die seine Taten hätten vorausahnen

lassen: «Genau das macht seine Person so subversiv – jeder hätte sich damals so verhalten können.»

Anfang 1939 erfuhren die eidgenössischen Behörden, dass im Kanton St. Gallen weiterhin jüdische Flüchtlinge ins Land kamen. Grüningers Machenschaften wurden entdeckt und der Polizeikommandant entlassen. 1941 verurteilte ihn das Bezirksgericht St. Gallen wegen Urkundenfälschung und Amtspflichtverletzung zu einer Busse von 1013.05 Franken.

Nach Grüningers Entlassung passte sich der Kanton St.Gallen der eidgenössischen Flüchtlingspolitik an. Mehr als 30 000 Jüdinnen und Juden wurden während des Krieges an der Grenze abgewiesen oder wieder ausgeschafft, falls es ihnen gelungen war, illegal in die Schweiz zu gelangen. Stefan Keller bezeichnet dieses Verhalten als «Beihilfe zum Völkermord»: «Spätestens im Mai 1943 wusste man von den Vernichtungslagern. Man wusste also, dass man die Flüchtlinge in den Tod schickte. Zum Teil haben die Schweizer Grenzbeamten die Leute direkt der Gestapo übergeben, in der Hoffnung, dass sie dann nicht mehr zurückkämen.»

Nach dem Krieg liess man den Mantel des Vergessens über den Fall Grüninger fallen. Erst im hohen Alter erhielt Grüninger verschiedene Auszeichnungen für seine Arbeit als Flüchtlingshelfer, doch stets aus dem Ausland. Der deutsche Bundespräsident Gustav Heinemann liess ihm zu Weihnachten 1971 ein Farbfernsehgerät überreichen. In Israel wurde Grüninger im selben Jahr zum «Gerechten aus den Völkern» erklärt, mehrere Bäume und Haine wurden für ihn gepflanzt. Von ehemaligen Flüchtlingen erhielt er kurz vor seinem Tod verschiedene Geldspenden, die er meist dem Altersheim Au überwies.

Paul Grüninger: *St. Gallen 27.10.1891 , †St. Gallen 22.2.1972, Polizeikommandant des Kantons St. Gallen. Verheiratet mit Emma Alice Federer, zwei Töchter: Ruth und Sonja.

In der Schweiz brauchte es mehrere Anläufe, bis das Bezirksgericht St. Gallen den ehemaligen Polizeikommandanten 1995 endlich vollständig rehabilitierte. Zu diesem Zeitpunkt war Grüninger bereits 23 Jahre tot. Seinen Lebensabend hatte er in ärmlichen Verhältnissen verbracht. Eine Rente hatte ihm der Kanton verweigert.

Christof Dejung

Zum Weiterlesen

Stefan Keller: Grüningers Fall – Geschichten von Flucht und Hilfe. Rotpunkt Verlag, Zürich 1993.

Jacques Picard: Die Schweiz und die Juden. 1933–1945. Schweizerischer Antisemitismus, jüdische Abwehr und internationale Migrations- und Flüchtlingspolitik. Chronos Verlag, Zürich 1994.

Der Reduitgeneral

*Henri Guisan war im Zweiten Weltkrieg
Oberbefehlshaber der Schweizer Armee.
Trotz gewagter Initiativen auf dem aussen-
politischen Parkett verkörpert er bis heute den
Widerstandswillen der Schweiz.*

Es gibt wohl kaum eine Schweizer Persönlichkeit, der in die-
sem Jahrhundert grössere Verehrung zuteil wurde als Henri
Guisan, dem Oberbefehlshaber der Schweizer Armee im
Zweiten Weltkrieg. «Das ganze Volk stand geschlossen hinter
ihm, und alle Kreise unserer Öffentlichkeit anerkannten ihn
einmütig als einen der ihren», meinte Bundespräsident Ernst
Brugger 1974 anlässlich des hundertsten Geburtstags des
Generals.

Die Popularität des charismatischen Waadtländers geht vor
allem auf den Sommer 1940 zurück, als Frankreich vor den
Deutschen kapituliert hatte, und Bundespräsident Marcel Pilet-Golaz mit seiner anpasserischen Radiorede die Angst
weckte, dass der Bundesrat das Land kampflos preisgeben
wolle. In diesem Moment setzte Guisan ein deutliches Zeichen: An einem Armeerapport auf dem Rütli bekräftigte er
den Willen zum «Widerstand gegen jeden Angreifer, woher
er auch kommen mag», und gab gleichzeitig die wichtigste
strategische Entscheidung seiner Amtszeit bekannt: die Zu-
rücknahme der Armee ins Alpenreduit. «Mit dem Rütlirapport wurde Guisan zur Integrationsfigur einer ganzen Generation», meint der Zürcher Historiker Jakob Tanner, «er
bündelte in einem kritischen Moment die Ängste und Hoffnungen der Bevölkerung.»

Doch der General war während seiner Amtszeit keineswegs
unumstritten. Als die Vereinigte Bundesversammlung am
30. August 1939 den 65-jährigen Korpskommandanten mit
überwältigendem Mehr zum Oberbefehlshaber der Schweizer Truppen wählte, war Guisan zwar für den grössten Teil

der Bevölkerung der Mann der Stunde. Die Sozialdemokraten hatten jedoch nicht vergessen, dass sich der Waadtländer Gutsherr wiederholt positiv über den italienischen Diktator Benito Mussolini geäussert hatte. Und verschiedene hohe Offiziere hielten nicht viel von seinen militärischen Fähigkeiten.

In der Schweizer Armee kam es wenige Monate nach dem Rütlirapport gar zu einem eigentlichen Putschversuch. Die vorrückenden Deutschen hatten im französischen La Charité nämlich Dokumente sichergestellt, die zeigten, dass Guisan ohne Wissen des Bundesrates Verhandlungen mit dem französischen Armeekommando geführt hatte. Das stellte eine klare Verletzung der schweizerischen Neutralität dar. Oberstkorpskommandant Ulrich Wille – Sohn von Ulrich Wille sen., dem General im Ersten Weltkrieg – intervenierte daraufhin beim deutschen Botschafter in Bern: Deutschland solle die Schweiz wegen dieses Militärabkommens unter Druck setzen und die Demission Guisans verlangen. Hintergrund der Affäre: Wille wollte gerne als Nachfolger Guisans Oberbefehlshaber der Armee werden. Doch die Intrige misslang, und Guisan blieb im Amt.

Das Kooperationsabkommen mit dem französischen Armeekommando stellt nicht die einzige gewagte Initiative Guisans auf dem Gebiet der Aussenpolitik dar. Fast gleichzeitig mit dem Rütlirapport forderte er nämlich den Bundesrat auf, eine geheime Sondermission nach Berlin zu entsenden, um die deutsch-schweizerischen Beziehungen zu verbessern. Guisan verwendete in seinen Briefen explizit Worte wie «Anpassung» und «Zusammenarbeit». Nun war es der Bundesrat, allen voran der vielgescholtene Pilet-Golaz, der sich gegen eine solche Wallfahrt in die Nazimetropole verwahrte.

Henri Guisan: *Mézières (VD) 21.10.1874, †Pully 8.4.1960, Landwirt und Berufsoffizier. Verheiratet mit Marie Doelker, zwei Kinder: Henry und Myriam.

Für Jakob Tanner zeigt diese Episode, dass die Begriffe Anpassung und Widerstand wenig geeignet sind, um die Schweizer Politik im Zweiten Weltkrieg zu verstehen: «Sowohl der General wie der Bundesrat praktizierten in abwechselnden Konstellationen Anpassung und Widerstand, um die Schweiz heil durch den Krieg zu bringen.»

Christof Dejung

Zum Weiterlesen

Erwin Bucher: Zwischen Bundesrat und General. Schweizer Politik und Armee im Zweiten Weltkrieg. VSG Verlagsgemeinschaft, St. Gallen 1991.

Willi Gautschi: General Henri Guisan. Die schweizerische Armeeführung im Zweiten Weltkrieg. Neue Zürcher Zeitung Verlag, Zürich 1989.

Der Weltchronist

*Seine Radiokommentare während des
Zweiten Weltkrieges machten **Jean Rudolf von Salis**
berühmt. Von Salis war ein liberaler Geist in
einem Jahrhundert der Totalitarismen.*

Freitag, 19 Uhr 10: Unzählige Empfänger in Europa sind auf
Radio Beromünster eingestellt. Jean Rudolf von Salis spricht
seine «Weltchronik». Obwohl von den Nazis verboten, lau-
schen in den von Deutschland besetzten Gebieten, aber
auch in Deutschland selbst Woche für Woche Zigtausende
gebannt seinen Worten. Inmitten der Propagandasender
steht die «Stimme der Schweiz» für Sachlichkeit und Wahr-
haftigkeit.

1940 hatte der damalige Bundespräsident Pilet-Golaz den
Geschichtsprofessor beauftragt, die Weltereignisse am Radio
zu kommentieren. Unter Zeitdruck und in ständigem Ge-
rangel mit der Zensur vollbrachte von Salis eine journalistische Meisterleistung. Seine Beurteilungen waren nüchtern,
unabhängig und differenziert. Die Texte verfasste er in der
Abgeschiedenheit seines Schlosses im aargauischen Brun-
egg ohne Zugang zu diplomatischen oder nachrichten-
dienstlichen Quellen. Er repräsentierte niemanden, nur sich
selbst.

Als «Partisanentätigkeit in den Ätherwellen» hat von Salis seine Kommentare später einmal bezeichnet. Aus seiner Abnei-
gung gegenüber dem Nationalsozialismus machte er keinen
Hehl. Dreimal forderte die Reichsregierung deshalb den
Bundesrat auf, von Salis durch einen anderen Kommentator
zu ersetzen.

Die «Weltchronik» begründete von Salis' moralische und intellektuelle Autorität. Nach dem Krieg stellte er sie unter
Beweis als ETH-Professor, Publizist, Präsident der Pro Helvetia und Unesco-Delegierter. «Eine durch und durch liberale
Haltung prägte sein Leben», sagt die Journalistin Klara Ober-

müller, «von Salis war ein Skeptiker. Die Extremismen und Totalitarismen, an denen sein Jahrhundert so reich war, führten ihn nie in Versuchung. Er war überzeugter Anti-Nazi und Antikommunist.»

Von Salis blieb stets undogmatisch. Obermüller: «Er war kein ‹Kalter Krieger›. Von Salis trat als einer der ersten ein für den Dialog mit den Menschen jenseits des ‹Eisernen Vorhangs› und pflegte diesen auch selber.»

Von Salis gehörte einer seltenen und vom Aussterben begriffenen Spezies an: Er war ein Universalgelehrter. In seinen eigenen Worten: ein «Grenzgänger». Seine Interessen reichten weit über sein wissenschaftliches Fachgebiet, die Zeitgeschichte, hinaus. Er stand zeitlebens in Kontakt mit Literaten, Künstlern und Politikern. Seine eigene Zunft hingegen mied er.

Der einem alten Adelsgeschlecht entstammende von Salis war ein «Hommes de lettres», ein Intellektueller französischen Zuschnitts. Seine Frankophilie entwickelte sich in jungen Jahren. Seine Mutter sprach Französisch, von Salis war bilingue. Von 1925 bis 1935 lebte er in Paris, wo er neben seinen wissenschaftlichen Studien als Korrespondent für den «Bund» und die «Weltwoche» arbeitete.

Den Zweck der Geschichtsschreibung sah von Salis darin, «Orientierung zu leisten für das Verständnis einer schwierig und kompliziert gewordenen Gegenwart.» Sein Hauptwerk, die «Weltgeschichte der neuesten Zeit», folgte diesem Leitsatz. Darin erzählt er in traditioneller Weise die Geschichte als Geschichte der grossen Männer.

Als Historiker war von Salis konservativ. Trotzdem sagt Obermüller: «Er war einer der progressivsten Menschen, die ich kannte.» Der Bewunderer von Jacob Burckhardt erklärte

Jean Rudolf von Salis: *Bern 12.12.1901, †Brunegg (AG) 14.7.1996. Historiker, Schriftsteller, Publizist. Verheiratet mit Elisabeth Huber, ein Sohn: Thomas.

denn auch: «Geschichte ist Wandlung». Die Übertragung des «Reduit»-Konzepts aus der Zeit der nationalsozialistischen Bedrohung auf das moderne Europa verurteilte er scharf. Letzten Endes bezwecke die Europäische Vereinigung, Gewalt und Krieg auf dem alten Kontinent zu verhindern. Dass die Schweiz an diesem Gemeinschaftswerk mitwirken müsse, war ihm, der von sich sagte: «Ich war schon Europäer, bevor es in Brüssel europäische Beamte gab», klar. Das EWR-Nein 1991 deprimierte den alten Mann zutiefst.

Als Obermüller 1993 ihre Gespräche mit von Salis veröffentlichte, fand das Buch begeisterte Aufnahme. «Die Leute suchten nach Orientierung», vermutet Obermüller. 50 Jahre nach seiner Weltchronik konnte von Salis diesem hohen Anspruch offenbar noch einmal gerecht werden.

Patrick Kupper

Zum Weiterlesen

Dem Leben recht geben. Jean Rudolf von Salis im Gespräch mit Klara Obermüller. Pendo Verlag, Zürich 1999.

Jean Rudolf von Salis: Grenzüberschreitungen. Ein Lebensbericht. 2 Teile. Orell Füssli Verlag, Zürich 1975, 1978.

Jean Rudolf von Salis: Notizen eines Müssiggängers. Orell Füssli Verlag, Zürich 1995.

Die Filmlegende

Mit «Gilberte de Courgenay» wurde
Anne-Marie Blanc *zum schweizerischen Filmstar.*
Bis zum heutigen Tag wird sie mit dieser Rolle
identifiziert.

Wo Anne-Marie Blanc auftaucht, herrscht Nostalgie. Kein Altersnachmittag, an dem sie nicht vor allem über diese eine Rolle erzählen muss, mit der sie Anfang der vierziger Jahre berühmt wurde: la petite Gilberte, Gilberte de Courgenay, die junge Wirtin unter den Wehrmännern an der jurassischen Grenze.

«Gilberte de Courgenay» ist die Geschichte einer jungen Frau, die sich während der Grenzbesetzung in einen Soldaten verliebt, aber am Schluss zugunsten von dessen Braut zurücktritt. «Der Film erklärt, warum man halt in Gottes Namen an der Grenze stehen und auf vieles verzichten musste», sagt Anne-Marie Blanc, «es konnten ja nicht alle einfach davonlaufen.»

Die Historikerin Sabina Brändli hält die Figur der Gilberte für ein typisches Produkt der damaligen Bedrohungssituation: «Die Frau wirkt als Motivationsspritze für die Soldaten, die den Grenzkoller haben, und muss dabei ihre persönlichen Interessen zurückstellen. Der Film vermittelt somit ein sehr konservatives Frauenbild.»

Noch heute wird Anne-Marie Blanc auf der Strasse erkannt, aber den Namen der Schauspielerin weiss man nur selten. Sie ist für viele einfach Gilberte geblieben, die Soldatenmutter, der Filmschatz der halben Armee. Eigentlich erstaunlich. Denn 1941, als «Gilberte de Courgenay» in die Kinos kam, habe man viel weniger Aufhebens um den Streifen gemacht als heute, erinnert sich Blanc.

Sabina Brändli glaubt, dass der Film für viele Angehörige der Aktivdienstgeneration ein Wunschbild der damaligen Epoche darstellt: «Er bietet sich ideal an als geschönter Rückblick auf eine harte Zeit. Manchmal habe ich sogar das Gefühl, die Erinnerungen der Leute aus der Aktivdienstgeneration passen sich dem Film an. Man schaut zurück und sieht nur noch das Schöne.»

Anne-Marie Blanc findet es zwar herzig, dass sich die Leute immer noch über diesen Film freuen können, für sie selbst war «Gilberte de Courgenay» jedoch nur der Beginn einer steilen Karriere. Sie spielte in über 150 Theaterproduktionen und überzeugte als Lady Milford in Schillers «Kabale und Liebe» ebenso wie als herrschsüchtige Mutter in Thomas Bernhards «Am Ziel».

Nach dem Zweiten Weltkrieg war Blanc in mehreren internationalen Filmen zu sehen. 1947 erhielt sie gar ein Angebot aus Hollywood. Dieses lehnte sie jedoch aus Rücksicht auf ihre Familie ab.

In den siebziger Jahren spielte die fast Sechzigjährige in verschiedenen Werken von aufbegehrenden jungen Filmemachern mit, so in Wilfried Bollingers «Riedland» oder in Daniel Schmids Film «Violenta». 1981 erhielt sie als erste Schauspielerin den Armin-Ziegler-Preis, 1986 wurde sie mit dem Hans-Reinhart-Ring ausgezeichnet.

Was die Beziehung zur Schweiz betrifft, ist Anne-Marie Blanc wohl wesentlich nüchterner als ein Grossteil ihrer Verehrer. 1997 hat sie, die sich ansonsten vom politischen Parkett fern hält, jenes «Manifest vom 21. Januar» unterschrieben, mit dem sich gegen 200 Kulturschaffende und Intellektuelle in die Debatte um die Schweiz im Zweiten Weltkrieg einmischten. Dass im Gefolge der Nazigoldaffäre der Antisemitismus wieder an die Oberfläche gekommen ist, gibt Blanc, die am Zürcher Schauspielhaus unter jüdischen Schauspielern gross wurde, «sehr zu denken». Auch wenn es weh

Anne-Marie Blanc: *Vevey 2.9.1919, Theater- und Filmschauspielerin. Verheiratet mit dem Filmproduzenten Heinrich Fueter, drei Söhne: Peter-Christian, Martin und Daniel.

tue, findet sie, sei es an der Zeit, die alten Mythen um die
Reduit- und Rütlischweiz endlich aufzubrechen.

Christof Dejung

Zum Weiterlesen

Sabina Brändli: Nationalisierung der Frauen? Stereotypen
der Weiblichkeit in schweizerischen und deutschen Spielfil-
men, 1938–1943. In: Urs Altermatt, Catherine Bosshart-Pflü-
ger, Albert Tanner (Hg.), Die Konstruktion einer Nation,
Nation und Nationalisierung in der Schweiz, 18.–20. Jahrhundert, Chronos Verlag, Zürich 1998, S. 203–214.

Werner Wider: Der Schweizer Film. 1929–1964. Die Schweiz
als Ritual. Limmat-Verlag, Zürich 1981.

Die Flüchtlingsmutter

Gertrud Kurz setzte sich im Zweiten Weltkrieg für eine menschlichere Flüchtlingspolitik ein. Damit wurde sie zur humanitären Vorzeigefigur.

August 1942: Zusammen mit dem Basler Bankier Paul Dreyfus-de Günzburg reist Gertrud Kurz zu dem in den Ferien weilenden Bundesrat Eduard von Steiger. Wenige Wochen zuvor haben die Behörden eine vollständige Grenzschliessung für Zivilflüchtlinge erlassen, obwohl verlässliche Informationen darüber vorliegen, dass die Nationalsozialisten dabei sind, einen Völkermord an den europäischen Juden zu begehen. In einem längeren Gespräch gelingt es Gertrud Kurz, Bundesrat von Steiger zu veranlassen, die Grenze wenigstens vorübergehend wieder zu öffnen.

Kurz arbeitete bereits vor dem Krieg im humanitären Bereich. Sie war Mitbegründerin der Kreuzritter-Bewegung, die sich für die Versöhnung der Völker einsetzte. 1938 gründete Kurz ihr eigenes Flüchtlingshilfswerk. Unermüdlich trat die gläubige Christin für die Verfolgten und Unerwünschten ein und gewährte vielen von ihnen in ihrem Haus in Bern Zuflucht. Als «Flüchtlingsmutter» wurde Kurz landesweit bekannt und populär. Wiederholt setzte sie sich bei ihrer Arbeit über die Weisungen der Behörden hinweg.

«Gertrud Kurz war jemand, der sich betroffen machen liess. Bürokratische Strukturen interessierten sie nicht. Sie wollte den Menschen direkt helfen», sagt die Berner Historikerin Lucia Probst, die zusammen mit ihrer Kollegin Katrin Hafner eine Lizenziatsarbeit über Kurz verfasst hat.

Kurz war nicht die einzige Person, die gegen die Schweizer Flüchtlingspolitik protestierte. Als im Sommer 1942 bekannt wurde, dass die Behörden eine totale Grenzsperre für Flüchtlinge erlassen hatten, protestierten Tausende von Schweizerinnen und Schweizern beim Bundesrat gegen diese inhumane Massnahme.

Dennoch wurden während des Kriegs über 30 000 Menschen, meist jüdische Flüchtlinge, an der Schweizer Grenze abgewiesen oder ausgeschafft, falls es ihnen doch gelungen war, in die Schweiz zu kommen. Die meisten von ihnen starben in den nationalsozialistischen Vernichtungslagern.

Gertrud Kurz trug nach dem Krieg schwer an diesem Wissen. Doch sie suchte die Schuld nicht in erster Linie bei den zuständigen Behörden, sondern – trotz ihres Engagements - zuerst einmal bei sich selber: «Eigentlich hätten wir uns auf die Treppe des Bundeshauses setzen müssen und nicht weggehen dürfen, bis die Asylpolitik menschlicher geworden wäre», sagte sie einmal in einem Gespräch.

Ihre extrem versöhnliche Haltung und ihre ungebrochene Loyalität zu den Behörden haben dafür gesorgt, dass Gertrud Kurz bis heute eine der bekanntesten Vertreterinnen der humanitären Schweiz ist. Sie war 1992 die erste Frau, die auf einer offiziellen Gedenkmünze abgebildet wurde. 1962 wurde sie vom Bundesrat gar offiziell für den Friedensnobelpreis vorgeschlagen. «Wenn sie sich den Behörden gegenüber kritischer geäussert hätte, wäre sie wohl nie so stark zu einer Vorzeigefigur geworden», vermutet Lucia Probst.

Christof Dejung

Gertrud Kurz, geb. Hohl: *Lutzenberg (AR) 15.3.1890, †Bern 26.6.1972, «Flüchtlingsmutter». Verheiratet mit Albert Kurz, drei Kinder.

Zum Weiterlesen

Hermann Kocher: Rationierte Menschlichkeit. Schweizerischer Protestantismus im Spannungsfeld von Flüchtlingsnot und öffentlicher Flüchtlingspolitik der Schweiz 1933-1948. Chronos Verlag, Zürich 1996.

Jürg Stadelmann: Umgang mit Fremden in bedrängter Zeit. Schweizerische Flüchtlingspolitik 1940-1945 und ihre Beurteilung bis heute. Orell Füssli Verlag, Zürich 1998.

Unabhängige Expertenkommission Schweiz – Zweiter Weltkrieg (Hg.): Die Schweiz und die Flüchtlinge zur Zeit des Nationalsozialismus. EDMZ, Bern 1999.

Der Menschenbildner

Alberto Giacometti gehört zu den bedeutendsten Künstlern des 20. Jahrhunderts. Seine Skulpturen provozieren einen neuen Blick auf die menschliche Existenz.

Paris im Spätherbst 1945: Alberto Giacometti geht, wie er es oft tut, in ein Wochenschau-Kino. Während der Vorstellung ereignet sich nichts Spezielles – äusserlich zumindest: Doch der Kinobesuch gibt Giacomettis Leben eine entscheidende Wende: «An diesem Tag, da habe ich den Boulevard angeschaut, wie noch nie zuvor: Alles war anders, sowohl die Raumtiefe als auch die Dinge, und die Farben, und die Stille ...»

Nach diesem Erlebnis beginnt Giacometti, die Werke zu schaffen, die ihn weltberühmt machen: überschlanke, ausgezehrte Figuren und Figurengruppen, Männer, die ohne Kniebeuge schreiten, reglos dastehende Frauen, die Arme an den Körper gepresst.

Giacometti ist zu dieser Zeit schon beinahe fünfzig Jahre alt. Geboren wird er 1901 als erstes von vier Kindern im italienischsprachigen Bündner Bergell. Die Kunst wird ihm in die Wiege gelegt: Sein Vater Giovanni gehört zu den bekanntesten Schweizer Malern der Zeit. Schon im Kindesalter fertigt Alberto seine ersten Porträtbüsten an.

1922 zieht es ihn nach Paris, das zum Mittelpunkt seines Lebens und Schaffens wird. An der Rue Hippolyte-Maindron bezieht er eine Atelierbaracke, in der er bis zuletzt zusammen mit seinem Bruder Diego arbeitet. Er schliesst sich den Surrealisten an, mit denen er den ersten Höhepunkt seiner Karriere feiert: 1930 stellt er mit Joan Miró und Hans Arp aus.

1935 bricht Giacometti mit seinen Weggefährten und wendet sich wieder dem Arbeiten nach dem Modell zu. Er sucht nun eine eigene Ausdrucksform, was ihn auf eine mehr als zehnjährige innere Odyssee führt. Vorerst werden seine Skulpturen immer kleiner, bis sie kaum noch die Grösse von Stecknadeln besitzen. Hartnäckig verfolgt er seinen Weg, obwohl sich niemand für seine Miniaturen interessiert.

Die Durststrecke endet erst nach dem Krieg. Mit seinen langgezogenen Skulpturen, wie etwa «L'homme qui marche», gelingt Giacometti der internationale Durchbruch. Er wird zum gefragten Künstler. Die Auszeichnungen häufen sich, die Kaufpreise für seine Werke klettern in die Höhe.

Trotz des Ruhms bleibt Giacometti seinem kargen Lebensstil treu. In der französischen Metropole bewegt er sich in den Künstler- und Literaturkreisen, verkehrt mit Pablo Picasso, Simone de Beauvoir und Jean-Paul Sartre. Den inneren Rückhalt findet er aber in seiner Heimat. Jedes Jahr zieht er sich einige Wochen zu seiner Mutter ins Bergell zurück, bis ihn 1966 ein Krebsgeschwür mitten aus Leben und Schaffen reisst.

«Giacometti ist der bedeutendste Bildhauer des 20. Jahrhunderts», findet Christian Klemm, Konservator der Alberto-Giacometti-Stiftung am Kunsthaus Zürich. «Er hat ein neues Menschenbild geschaffen. Seine Idee war, den Menschen in seiner augenblicklichen Präsenz zu erfassen, so wie er uns auf der Strasse begegnet, seine flüchtige Erscheinung festzuhalten.» Insbesondere junge Leute seien von Giacometti fasziniert, weiss Klemm. «Seine Suche nach dem Wesen des Daseins, nach der nackten Existenz beschäftigt jede Generation wieder von neuem.»

Patrick Kupper

Alberto Giacometti: *Borgonovo (GR) 10.10.1901, †Chur 11.1.1966. Bildhauer, Maler, Zeichner. Verheiratet mit Annette Arm.

Zum Weiterlesen und Schauen

Reinhold Hohl (Hg.): Alberto Giacometti: Eine Bildbiografie. Hatje Verlag, Ostfildern-Ruit 1998.

James Lord: Alberto Giacometti. Eine Biografie. Erw. und überarb. Neuauflage, Scheidegger u. Spiess, Zürich 1998.

Werksammlungen: Kunsthaus Zürich, Kunstmuseum Basel.

Der Atomforscher

***Paul Scherrer** war ein unermüdlicher Förderer der Atomenergie und veränderte die Forschungslandschaft Schweiz.*

«Das ist alles ganz einfach!» So begann Paul Scherrer jeweils seine Erklärungen noch so komplizierter physikalischer Zusammenhänge. Der Experimentalphysiker mit den markanten Gesichtszügen war ein hervorragender Lehrer. In seinen Vorlesungen führte er die Studenten in die Wunderwelt der Physik ein. Schlag auf Schlag folgten die Experimente, eines spektakulärer als das andere. Die Zuhörer waren begeistert. Der Physikunterricht an der ETH Zürich trägt bis heute Scherrers Stempel.

Der junge Scherrer ist ein wissenschaftlicher Überflieger. Noch während seiner Dissertation entwickelt er an der Universität Göttingen zusammen mit seinem Lehrer Peter Debye ein Verfahren zur Strukturanalyse von Mineralien, die «Debye-Scherrer-Pulvermethode». Debye erhält dafür 1936 den Nobelpreis für Chemie.

1920 ernennt die ETH Zürich Scherrer zum Professor. Vierzig Jahre wird der gebürtige St. Galler dort wirken. Er ist ein Mann radikaler Entscheidungen. Entschlossen vollzieht er Ende der zwanziger Jahre, inzwischen zum Institutsvorsteher avanciert, einen Schnitt, gibt manch frühere Forschungsrichtungen auf und konzentriert die Kräfte des Instituts auf die Kernphysik, einen Forschungszweig, der damals im Entstehen begriffen war. Ihm widmet Scherrer die nächsten Jahrzehnte seines Lebens, energiegeladen und voller Enthusiasmus.

Schon früh erkennt Scherrer, dass die Zeiten vorbei sind, als alleine die besseren Ideen über den Forschungserfolg entschieden. Wer in der Kernphysik an der Spitze mithalten will, braucht grosse Maschinen. Und die kosten eine Menge Geld. Seine Vortragskunst nutzt Scherrer, um finanzielle Mittel für seinen Forscherstab zu beschaffen. Er tritt in der Öffentlichkeit auf und spinnt Fäden zur Industrie, wo er in Walter Boveri (BBC) einen potenten Förderer und Freund findet. Scherrers Institut kann sich Ende der dreissiger Jahre als eines der ersten in Europa leisten, Teilchenbeschleuniger zu bauen. Eine dieser Maschinen, den «Tensator», stellt Scherrer gleich an der «Landi» 1939 aus, wo sie grosses Aufsehen erregt.

Der atombegeisterte Physiker mutiert je länger je mehr zum Forschungsmanager. «Seine Lehrverpflichtungen, die Leitung des Instituts und die Beschaffung von Geldern liessen Scherrer keine Zeit mehr, eigene Forschung zu treiben», sagt Otto Huber, pensionierter Physikprofessor und Scherrer-Schüler.

Dafür begründet der begnadete Lehrmeister eine eigene Schule der Physik: Über hundert Dissertationen entstehen an seinem Lehrstuhl. Dutzende seiner Schüler übernehmen leitende Positionen in Industrie und Hochschule. Am Institut nennen ihn alle den «Chef». Der «Patriarch» (Huber) hält alle Fäden in den Händen. Neben ihm gibt es kaum Platz. Viele seiner Schüler wandern deshalb nach Übersee aus.

Im Zweiten Weltkrieg gibt Scherrer Informationen an die Alliierten weiter. Ein Spion im klassischen Sinn ist er aber nicht, für seine Dienste wird er nie bezahlt. Der mit dem deutschen Physikerass Werner Heisenberg befreundete Scherrer unterrichtet den amerikanischen Geheimdienst, bei dem er unter dem Decknamen «Flöte» läuft, über die Physikerszene in Nazideutschland. Über deren Atombombenpläne weiss er jedoch nichts.

Nach dem Krieg wird Scherrer Präsident der Schweizerischen Studienkommission für Atomenergie. Die Kommission fördert die Grundlagenforschung, aber auch, was

Zur Person: *St.Gallen 3.2.1890, †Zürich 25.9.1969. Physiker. Verheiratet mit Ina Sonderegger, zwei Töchter.

jahrzehntelang geheim bleibt, die Entwicklung einer Atombombe. Der Bund stattet die Kommission mit der stattlichen Summe von 18 Millionen Franken aus. Das jährliche Budget der ETH Zürich beträgt zu dieser Zeit rund vier Millionen Franken.

Die Zusammenarbeit mit Boveri führt in den fünfziger Jahren zur Gründung der Reaktor AG (heute Paul-Scherrer-Institut). In Würenlingen soll eine eigene Reaktorlinie entwickelt werden. In den sechziger Jahren stellt sich dann aber heraus, dass die ehrgeizigen Ziele Scherrers eine Nummer zu gross sind für die Schweiz. Die Entwicklung endet im Januar 1969 in einem Fiasko. Der Versuchsreaktor in einer Felskaverne bei Lucens gerät ausser Kontrolle und wird zerstört.

Die Probleme und Risiken der Atomenergienutzung hatte der unerschütterliche Optimist unterschätzt. Die heftige Kontroverse um den Bau von Atomkraftwerken erlebte Scherrer nicht mehr. 1969 starb der begeisterte Sportler an den Folgen eines Reitunfalls.

Patrick Kupper

Zum Weiterlesen

Paul Scherrer 1890–1969, Vorträge und Reden gehalten anlässlich der Gedenkveranstaltung zum 100. Geburtstag am 3. Februar 1990. Hg. v. Kurt Alder. PSI, Villigen 1990.

Susan Boos: Strahlende Schweiz. Handbuch zur Atomwirtschaft. Rotpunktverlag, Zürich 1999.

Schweizerische Gesellschaft der Kernfachleute (Hg.): Geschichte der Kerntechnik in der Schweiz. Die ersten 30 Jahre 1939–1969. Olynthus, Oberbötzenberg 1992.

Der Heimatdichter

Max Frisch zählt zu den bedeutenden Schriftstellern des 20. Jahrhunderts. Einige der scharfsinnigsten Analysen zur Schweiz stammen aus seiner Feder.

«Schweiz als Heimat?», war der Titel, den Max Frisch für sein letztes, ein Jahr vor seinem Tod erschienenes Buch wählte. Darin versammelte der Zürcher Literat Texte, die er über 50 Jahre zur Schweiz geschrieben hatte. Als «Hassliebe» beschreibt der Literaturwissenschafter und Frisch-Experte Julian Schütt Frischs Verhältnis zur Schweiz: «Heimat bedeutete für Frisch nicht nur eine Zugehörigkeit, sondern auch ein Gefühl der Unzugehörigkeit. Aber seine Heimat könne man weder auswählen noch loswerden. Aus dieser persönlichen Betroffenheit hat sich Frisch intensiv mit der Schweiz auseinandergesetzt, immer in der Hoffnung, etwas zu verbessern.»

Mit spitzer Feder zerpflückte Frisch in den Nachkriegsjahrzehnten so ziemlich alles, was dem durchschnittlichen Schweizer Bürger hoch und heilig war. Er prangerte die Konzeptlosigkeit, Rückwärtsgewandtheit und Immobilität der schweizerischen Gesellschaft an. Neutralität, Unabhängigkeit, Freiheit, Demokratie und immer wieder die Schweizer Armee waren seine Themen. Damit stiess Frisch viele Leute vor den Kopf. Dem «kritischen Patrioten» (Literaturprofessor Peter von Matt) wurde Landesverrat vorgeworfen, der Sozialist Frisch als Kommunist verschrien. Die NZZ, für die Frisch in den dreissiger Jahren als Journalist tätig war, schwankte zwischen scharfen Repliken und schlichter Nichtbeachtung.

Doch Frisch war nicht totzuschweigen. «Ich geniesse internationalen Schutz in meinem Land», schrieb der streitbare Schriftsteller dem Zürcher Germanisten Karl Schmid. Das «Tagebuch 1946–1949» (erschienen 1950), die Romane «Stiller» (1954) und «Homo Faber» (1957) und die Theaterstücke

«Biedermann und die Brandstifter» (1958) und «Andorra» (1961) hatten Frisch weit über den deutschen Sprachraum hinaus zum gefeierten Erzähler und Theaterautor gemacht. Eine Schlüsselrolle in Frischs Œuvre nimmt für Julian Schütt das weniger bekannte Bühnenstück «Graf Öderland» (1951) ein. «In der Figur des axtschwingenden Staatsanwalts spielte Frisch in brachialer Weise mit dem Gedanken des Ausbruchs aus der bürgerlichen Welt.»

Mitte der fünfziger Jahre zog Frisch dann tatsächlich einen tiefen Schnitt in seine eigene Biografie: Er verliess seine Familie und löste sein Architekturbüro auf, um sich ganz auf das Schreiben konzentrieren zu können.

Sein Leben lang war Frisch unterwegs. Er reiste dauernd in der Welt herum und lebte jahrelang im Ausland, in New York, Rom und Berlin, kehrte aber immer wieder nach Zürich zurück.

Frischs grösste Angst war die Gewöhnung, dass er bequem würde und dass sein Denken mehr und mehr an Beweglichkeit verlöre. Indem er sich zwang, immer wieder mit neuen Lebensumständen fertig zu werden, bekämpfte er diese Lebensangst aktiv – mit Erfolg: Bis zu seinem Tod trat Frisch immer wieder mit pointierten Stellungnahmen zu aktuellen Themen an die Öffentlichkeit.

Patrick Kupper

Max Frisch: *Zürich 15.5.1911, †Zürich 4.4.1991. Schriftsteller, Architekt. Verheiratet mit Constanze von Meyenburg (1942-1959), drei Kinder, zweite Ehe mit Marianne Oellers (1968-1979), Liaison mit Ingeborg Bachmann (1958-1962).

Zum Weiterlesen

Max Frisch: Schweiz als Heimat? Versuche über 50 Jahre. Hg. und mit einem Nachwort versehen v. Walter Obschlager. Suhrkamp Verlag, Frankfurt a. M. 1990.

Max Frisch: Gesammelte Werke in zeitlicher Folge. 7 Bände, Suhrkamp Verlag, Frankfurt a. M. 1998.

Max Frisch: Jetzt ist Sehenszeit. Briefe, Notate, Dokumente 1943–1963. Hg. und mit einem Nachwort versehen v. Julian Schütt. Suhrkamp Verlag, Frankfurt a. M. 1998.

Volker Hage: Max Frisch. Überarb. Neuausgabe, Rowohlt Verlag, Reinbek b. Hamburg 1997.

Der Strassenkönig

Seine grössten Siege als Radrennfahrer feierte
Ferdy Kübler *Anfang der fünfziger Jahre. Und noch
immer kennt ihn jedes Kind.*

Während im Zürcher Kino «Apollo» die Abendvorstellung
von «Bäckerei Zürrer» läuft, brodelt es im Hallenstadion. Wir
schreiben den 27. Oktober 1957. Am Ende dieses Renn-
sonntags fordern 13 000 enthusiastische Zuschauer ein paar
Worte von dem Mann, der vor wenigen Minuten sein Velo an
den Nagel gehängt hat. Ferdy Kübler verabschiedet sich
vom Publikum mit Tränen in den Augen.

«Ich erinnere mich an diesen Tag, als wärs gestern gewe-
sen. Der Rücktritt ist mir sehr schwer gefallen», sagt Ferdy
Kübler heute. «Ich wollte aufhören, bevor meine sportlichen
Leistungen nachliessen. Allerdings kam genau dann mit dem
Fernsehen das grosse Geld in den Radsport.»

Geldsorgen hatte der Mann mit der Charakternase aber keine. Schon damals verdiente ein Topsportler anständig. Nach
dem Rücktritt akquirierte er 34 Jahre lang mit Sepp Voegeli
Sponsorengelder für die Tour de Suisse. Noch heute ist Kübler neun Monate im Jahr mit PR-Aufgaben beschäftigt und
fährt bei der Tour immer mit.

Schon als Bub träumte Ferdy davon, Profi-Velofahrer zu
werden. Er wuchs in ärmlichen Verhältnissen auf und musste lange sparen fürs erste Rennvelo, das ihm sein jähzorni-
ger Vater aber prompt zertrümmerte. Dieser hielt nichts
von den Karriereabsichten des Sohnes. Also heuerte der
junge Kübler als Velokurier in einer Bäckerei in Männedorf
an. Das tägliche Befahren des Pfannenstiels war sein Training.

Als 18-Jähriger nahm er erstmals an einem Wettkampf teil,
1938 gewann er in Glarus sein erstes Rennen als Junioren-
amateur und vier Jahre später die Tour de Suisse als Profi.
«Der Rennfahrer Kübler war eine spontane Figur. Sein Fahr-

stil war noch nicht so ausgereift, er griff pausenlos an», befindet Sepp Renggli, Publizist und Ex-Sportchef DRS. «In der Anfangszeit verlor er viele Rennen, weil er sich keine Taktik zugelegt hatte.» Dies änderte sich aber, als Kübler die grossen Rundfahrten ins Visier nahm.

Es begann die Ära, die gerne die «goldenen Jahre» des Schweizer Radsports genannt wird. Das Duell der beiden grossen «K» – Kübler und Koblet – hielt während eines Jahrzehnts die Radrennfreunde in Atem. Bis 1948 fuhren sie im selben Team, doch dann wurden beide Mannschaftsleader und spalteten die Radsport-Fangemeinde: Die einen hielten zum «Chrampfer» Kübler, die anderen zu Hugo Koblet, der als «Pédaleur de charme» tituliert wurde. Renggli: «Die beiden waren sicher keine Freunde. Koblet war der Bonvivant und Liebling der Frauen, Kübler der Asket. Er war der Vertreter des kleinen Mannes.»

1950 hatte Kübler den Zenit seiner Laufbahn erreicht: Als erster Schweizer gewann er die «Königin der Rundfahrten», die Tour de France. «Das ist das Grösste für einen Rennfahrer, höher zu werten als der Weltmeistertitel, den ich ein Jahr später im italienischen Varese errang», schwärmt Kübler. Dort sollte er bestochen werden. Doch: «Einem sagte ich auf ein entsprechendes Angebot, dass ich ihn nicht ‹per cento millioni› gewinnen lassen würde.»

Zum heutigen Profi-Radrennsport meint der dreifache Tour-de-Suisse-Sieger: «Leider regiert nur noch das Geld. Deshalb darf sich ein Jan Ullrich die ganze Saison auf ein Rennen konzentrieren. Wir mussten noch 140 Rennen im Jahr fahren. Die Dopingmissbräuche sind auf die enormen Gewinnchancen zurückzuführen.»

Ferdinand Kübler: *Marthalen (ZH) 24.7.1919, Radrennfahrer, Tour-de-Suisse-Vermarkter. Verheiratet in zweiter Ehe mit Christina Leibundgut, drei Kinder aus erster Ehe mit Rosa Ellenberger.

«Vom Format her ist heute keiner mehr mit Kübler vergleichbar», sagt Renggli, «in der Radsportgeschichte muss man ihn neben Merckx, Hinault und Indurain stellen.» Die Leserinnen und Leser des «Sports» haben Kübler denn auch zum Schweizer «Sportler des Jahrhunderts» gewählt.

Ferdy «national» ist ein Mann des Volkes geblieben und wie er vermutet, gerade deshalb noch immer so populär: «Ich verteile Autogramme an 9-Jährige, deren Grossmütter mich damals am Strassenrand angefeuert haben.»

Seit mehreren Jahren hat Kübler kein Velo mehr bestiegen. «Bei dem gefährlichen Strassenverkehr heutzutage spiele ich lieber Golf. So werde ich eher 100-jährig.»

Pascal Unternährer

Zum Weiterlesen

Hanspeter Born: Das waren noch Zeiten! Ferdi Kübler und die goldenen Jahre des Schweizer Radsports. Weltwoche-ABC-Verlag, Zürich 1990.

Sepp Renggli: Schweizer Radsport gestern, heute, morgen. Silva-Verlag, Zürich 1998.

Die Fernsehmacherin

*Als Ansagerin wurde **Heidi Abel** populär.*
Doch erst spät erhielt sie die Möglichkeit,
eine eigene Sendung zu gestalten.

Als Heidi Abel 1954 erstmals als Ansagerin vor die Kamera trat, zählte das Schweizer Fernsehen gerade einmal 4000 Abonnenten. Die Zuschauer waren deshalb gezwungen, sich die Sendungen im Schaufenster eines Warenhauses oder in einem Gasthaus anzusehen. Im Vergleich zum Ausland war die Schweiz eine Fernseh-Spätzünderin: Die meisten anderen Industrieländer kannten nämlich bereits seit Jahrzehnten einen regelmässigen Sendebetrieb.

Das Fernsehen sorgte in der Schweiz für heisse Köpfe. Radiodirektor Kurt Schenker etwa sprach von einer «Angriffswaffe auf die menschliche Seele», die in ihrer Zerstörungskraft der Atombombe gleichkomme. Und der Schriftsteller Georg Thürer wehrte sich gegen das «süsse Gift» aus der Bildröhre: Kultur, Kirche und Christentum seien in Gefahr.

Doch Heidi Abel war fasziniert von den Möglichkeiten des neuen Mediums. Sie ging durch die Strassen, zählte die Antennen auf den Dächern und freute sich, bei so vielen Menschen zu Gast in der guten Stube sein zu dürfen. Und es wurden immer mehr. Bereits 1962 verzeichnete man über eine Viertelmillion Empfangsbewilligungen, 1968 wurde die Millionengrenze überschritten.

Mit der Zahl der Konzessionen wuchs auch Abels Popularität. Sie wurde zu einem der ersten Stars des neuen Mediums. «Um die Ansagerinnen entstand ein unheimlicher Rummel», erinnert sich Ulrich Hitzig, der damalige Chef der Programmplanung, «denn sie führten die Zuschauer durch den Fernsehabend und waren damit die Visitenkarte des Senders. Nach jedem Auftritt erhielten sie körbeweise Publikumszuschriften.» 1966 verabschiedete sich Abel als Ansagerin vom Publikum. Inskünftig wollte sie nur noch als

Moderatorin arbeiten. Doch das war leichter gesagt als getan. Zwar stand sie weiterhin regelmässig vor der Kamera, moderierte Unterhaltungssendungen wie «Musik und Gäste» und suchte im «Karussell» einen Platz für herrenlose Tiere. Aber eine wirklich anspruchsvolle Sendung erhielt sie nicht. Sie begann, unter Existenzängsten zu leiden und hielt sich jahrelang mit der Präsentation von Modeschauen und Firmenanlässen über Wasser.

Erst ab 1982, als Heidi Abel bereits über fünfzig war, erhielt sie die Chance, Sendungen mit grösserem Tiefgang zu präsentieren. Die Diskussionssendung «Telefilm» wurde ihr auf den Leib geschrieben. Und in der Unterhaltungsshow «Krambambuli» konnte sie zum ersten Mal ihre eigenen Ideen verwirklichen.

«Als Heidi Abel mit ihrer Arbeit begann, war sie eine schüchterne junge Frau – das Häsli vom Dienst, wie sie sich einmal selbst bezeichnete. Von dieser Rolle hat sie sich im Laufe der Jahre distanziert und sich vor den Augen der Fernsehnation zu einer reifen Persönlichkeit entwickelt», erzählt der Filmer Tobias Wyss, der 1985 ein Porträt der Fernsehfrau drehte.

Ihr Gesicht kannten alle. Wie es in ihr drin aussah, wussten jedoch nur die wenigsten. Gut, sie war berühmt, erhielt Auszeichnungen wie diejenige des spanischen Fernsehens 1956, oder den begehrten Tele-Preis 1983. Aber die Popularität hatte auch ihre Schattenseiten. Abels spontane Herzlichkeit schürte bei den Zuschauern Erwartungen, denen sie nicht entsprechen konnte. Nach ihren Tiersendungen riefen die Leute bei ihr an, um ihr von den Sorgen mit ihrem Tier zu erzählen. Andere fragten sie um Rat bei persönlichen Problemen. Damit konnte sie kaum umgehen. «Man wird bei lebendigem Leib aufgefressen», seufzte eine müde Heidi Abel in Tobias Wyss' Porträtfilm.

Heidi Abel; *Basel 21.2.1929, †Zürich 23.12.1986, Fernsehmoderatorin. Verheiratet mit Peter Rosinski, Scheidung 1967.

Und so wurde sie, die vor der Kamera souverän war wie kaum eine Zweite, geplagt vom Gefühl, sich selbst im Laufe ihres Lebens immer mehr abhanden gekommen zu sein. Sie beschloss, wenigstens für eine kurze Zeit ihre Tätigkeit für das Fernsehen zu reduzieren. Doch dazu sollte es nicht mehr kommen. Am 23. Dezember 1986 starb Heidi Abel an Rückenmarkkrebs.

Christof Dejung

Zum Weiterlesen

Hanspeter Danuser und Hans Peter Treichler: Show, Information und Kultur. Schweizer Fernsehen. Von der Pionierzeit ins moderne Medienzeitalter. Sauerländer Verlag, Aarau 1993.

Der Apokalyptiker

Friedrich Dürrenmatt war Schweizer Dramatiker von Weltgeltung und Meister der tragischen Komödie.

Das Drama nimmt seinen Anfang: Claire Zachanassian fährt in Güllen ein. Güllen, einst eine blühende Stadt, ist ein heruntergekommenes Kaff. Die Güllener hoffen, sich mit Zachanassians Hilfe sanieren zu können. Denn Claire hiess einst Kläri Wäscher und wuchs in Güllen auf, bevor sie den Ort als junge Frau überstürzt verliess. Nun kehrt sie, gealtert, aber steinreich, mit Entourage, schwarzem Panther und siebtem Gatten zurück. Die Hoffnungen der Güllener auf ein Ende ihrer Misere scheinen nicht unbegründet: Zachanassian bietet ihre Hilfe an, knüpft das Angebot allerdings an eine Bedingung. Doch davon später.

«Der Besuch der alten Dame», 1956 im Zürcher Schauspielhaus uraufgeführt, wird ein Welterfolg. Das Stück wird am Broadway in New York gespielt und 1964 in Hollywood verfilmt. Dürrenmatt wird zum Weltautor. Erst Mitte dreissig, steht der Berner Pfarrersohn bereits auf dem Höhepunkt seiner Karriere.

Vorher galt es allerdings, Hungerjahre durchzustehen. Trotz des Erfolgs seiner frühen Stücke wie «Es steht geschrieben», das in Zürich einen veritablen Theaterskandal provozierte, oder «Romulus der Grosse». Dürrenmatt hält seine Familie als Theaterkritiker, Hörspielschreiber und Krimiautor über Wasser. Mit dem Stück «Die Ehe des Herrn Mississippi» schafft er 1952 den Durchbruch in Deutschland.

«Der Erfolg der Stücke basiert auf Dürrenmatts Fähigkeit, universell gültige Gleichnisse zu finden und Probleme der Zeit in Geschichten darzustellen», analysiert Ueli Weber vom Schweizerischen Literaturarchiv in Bern. Dabei karikiert der Fabulierer den Gang der Welt. Seine Helden sind nicht heroisch, seine Dramen nicht pathetisch, sondern grotesk. Dürrenmatt hat das Groteske zum gestalterischen Prinzip gemacht. Es wird als Mittel zur Erkenntnis der Welt eingesetzt, indem diese bis zur Unkenntlichkeit entstellt wird. «Dürrenmatt war klar, dass er keine schillerschen Tragödien mehr schreiben konnte. Für seine Weltgleichnisse musste er andere Darstellungsformen finden», meint Weber.

Dürrenmatts dramaturgische Spezialität ist die «schlimmstmögliche Wendung», die seine Geschichten oft nehmen. Dabei führt vielfach der Zufall Regie. Eine schlimmstmögliche Wendung widerfährt auch den Güllenern: Claire Zachanassian verspricht der versammelten Gemeinde eine Milliarde. Der darob ausgebrochene Jubel verstummt jäh, als sie ihre Bedingung nennt. Sie verlangt, dass Alfred Ill, Kleinkrämer und Bürger von Güllen, getötet wird. Ill war einst ihr Geliebter, hat sie geschwängert, dann aber seine Vaterschaft bestritten, vorauf Kläri Wäscher, hochschwanger und begleitet von hämischen Blicken, Güllen verlassen musste. Jetzt will sie sich Gerechtigkeit kaufen. Die Güllener lehnen – vorerst – entrüstet ab.

Nach dem «Besuch der alten Dame» gelingt Dürrenmatt mit den «Physikern» ein weiterer Welterfolg. Mit zunehmendem Alter gibt er sich jedoch mit der Einfachheit und Direktheit, die seine frühen Stücke auszeichnen, nicht mehr zufrieden. Damit kommt ihm der Erfolg abhanden. Denn allzuviel Komplexität oder gar Reflexion goutieren weder Kritik noch Publikum. Enttäuscht vom Theater, wendet sich Dürrenmatt in seinem Spätwerk der Prosa zu. Und vermehrt der Malerei. Seine Bilder reflektieren Themen, die in zeitlebens umtrieben: Minotaurus verloren im Labyrinth, Prometheus, der vermessene Menschenschöpfer, und immer wieder die Apokalypse. «Das Apokalyptische spielt bei Dürrenmatt eine

Friedrich Dürrenmatt: *Konolfingen (BE) 5.1.1921, †Neuenburg 14.12.1990. Schriftsteller und Maler. In erster Ehe verheiratet mit Lotti Geissler, drei Kinder, Barbara, Peter und Ruth. Zweite Ehe mit Charlotte Kerr.

zentrale Rolle», erklärt Weber. Die Apokalypse, der Untergang der Welt, ist die schlimmstmögliche aller Wendungen. Dürrenmatt hatte sie stets als Möglichkeit in seinem dramatischen Repertoire. Die Apokalypse ist jedoch nicht nur Weltende: «In Dürenmatts religiös geprägtem Frühwerk, etwa der Erzählung «Der Tunnel», ist sie noch verbunden mit der angedeuteten Hoffnung auf Erlösung», sagt Weber.

Die Untergänge können verschieden inszeniert werden. In Güllen etwa kehrt Wohlstand ein, nachdem Claire Zachanassian ihren Milliarden-Check überreicht hat. Der Wohlstand hat jedoch seinen Preis: Die Güllener haben dafür ihre humanistischen Ideale geopfert.

Thomas Gull

Zum Weiterlesen

Friedrich Dürrenmatt: Der Besuch der alten Dame. Diogenes Verlag, Zürich 1998.

Friedrich Dürrenmatt, Schriftsteller und Maler, mit Illustrationen und Fotos. Diogenes Verlag, Zürich 1994.

Über Friedrich Dürrenmatt. Essays, Zeugnisse und Rezensionen über Dürrenmatt. Diogenes Verlag, Zürich 1998.

Die Feministin

Iris von Roten kämpfte für die Gleichberechtigung der Frau. Ihr umstrittenes Buch «Frauen im Laufgitter» ist heute ein Klassiker.

Am 18. August 1985 gedenkt die Walliser Gemeinde Unterbäch der ersten Schweizer Abstimmung mit Frauenbeteiligung, die hier am 3. März 1957 durchgeführt wurde. «Rütli der Schweizer Frau» nennt sich das Dorf deshalb stolz und macht die erste Bundesrätin Elisabeth Kopp zur Ehrenbürgerin. Mit keinem Wort erwähnt werden Iris und Peter von Roten, die beide im Publikum sitzen, und ohne die der denkwürdige Urnengang wahrscheinlich nie stattgefunden hätte.

Iris von Roten sieht sich einmal mehr um die Lorbeeren ihres Einsatzes geprellt. Verärgert verlässt sie die Feier. Das Gefühl, zu kurz zu kommen, zieht sich wie ein Leitmotiv durch Iris von Rotens Leben. Dabei stand ihr die Welt vergleichsweise offen. Aus gutbürgerlichem Hause, studiert sie in Bern Jura und schliesst mit der Promotion zum Dr. iur. ab. Fünf Jahre später heiratet sie den Walliser Aristokraten Peter von Roten.

Hausfrau und Mutter zu sein war für Iris von Roten allerdings nie der Inbegriff eines erfüllten Daseins: «Für die heranwachsenden Mädchen sah es aus, als ob sie beim Kochen, Putzen und in Gesellschaft von quengelnden Säuglingen eine Art zweiter Kindheit von bodenloser Langeweile zu erwarten hätten», erklärt sie in einem Interview. Ganz anders die Männer: «Alles, was das Herz begehrte: wilde Abenteuer, lockende Fernen, tolle Kraftproben, schienen den Männern vorbehalten zu sein.» Hinzu kam das Privileg «des ersten Schritts und damit der erotischen Wahl». Die Frauen hatten zu warten.

Diese passive Rolle ist der kecken von Roten zu wenig. In ihrer Ehe pocht sie auf Selbstbestimmung. Oft genug wird sie jedoch als Partnerin ihres Mannes im gemeinsamen Anwaltsbüro als «Fräulein» angeredet, das den Anrufer doch bitte mit Doktor von Roten verbinden solle.

Als Frau nicht ernst genommen zu werden und weniger Lebenschancen zu haben, hat Iris von Roten zur engagierten Feministin gemacht. Sie setzt sich vehement für die Gleichberechtigung ein. Zuerst als Redaktorin beim Schweizer Frauenblatt (1943–1945). Vor allem aber in ihrem epochalen Buch «Frauen im Laufgitter» (1958).

Von ihrem Mann wird sie dabei stets unterstützt. Der Einsatz für das Frauenstimmrecht kostet Peter von Roten seinen CVP-Sitz im Nationalrat. Iris von Roten war jedoch keine militante Emanze. «Bei all ihrem Engagement blieb sie eine bürgerliche Frau», erzählt Biografin Yvonne-Denise Köchli, «für ihre Anliegen wäre sie nie auf die Strasse gegangen – sie war eine eigentliche ‹Schreibtischtäterin›».

In «Frauen im Laufgitter» analysiert Iris von Roten – inspiriert von Simone de Beauvoirs «Le deuxième sexe» (1949) – die Lage der Frau und verlangt deren Gleichstellung in allen Lebensbereichen. Das Buch löst einen Skandal aus. Die radikal egalitären Positionen, die Erörterungen sexuell-erotischer Fragen und die Entmythologisierung traditioneller weiblicher Werte gehen selbst fortschrittlichen Frauen zu weit. Von Roten wird verspottet und geächtet. «Für die damaligen Verhältnisse hat sie über das Ziel hinausgeschossen. In den fünfziger Jahren war die Zeit für ihre Postulate noch nicht reif», stellt Köchli fest. Beim Lesen einiger Kapitel, etwa wenn von Roten beschreibe, wie Frauen lieben, sei sie heute noch verblüfft.

Obwohl es bei Kritikern und Publikum durchfällt, bereitet das Buch den Boden für die neue Frauenbewegung. Die Neuauflage wird 1991 zum Bestseller.

Iris von Roten, geb. Meyer: *Basel 2.4.1917, †Basel 11.9.1990. Feministin, Autorin, Juristin. Verheiratet mit Peter von Roten. Eine Tochter: Hortensia.

Iris von Roten erlebte diesen Triumph nicht mehr. Sie hatte sich ein Jahr zuvor das Leben genommen. Ein letzter Akt der Selbstbestimmung.

Thomas Gull

Zum Weiterlesen

Iris von Roten: Frauen im Laufgitter. eFeF-Verlag, Zürich 1991.

Yvonne-Denise Köchli: Eine Frau kommt zu früh. Das Leben von Iris von Roten. Weltwoche-ABC-Verlag, Zürich 1992.

Der Filmtüftler

*__Jean-Luc Godard__ schockierte 1959 das
Kino-Publikum mit einer neuen Bildsprache. Seine
Filme änderten unsere Sehgewohnheiten.*

«Das Kino wird nie mehr so sein wie zuvor», entfuhr es dem
Regisseur François Truffaut nach der Premiere von «A bout
de souffle». Das war 1959 in Paris. Dem Kinopublikum war
ein Film vorgesetzt worden, der sowohl im Technischen wie
auch im Dramaturgischen gegen alle Regeln des Metiers verstiess. Die Sequenzen waren absichtlich abrupt geschnitten,
was der Handlung etwas Nervöses verlieh. Noch akzentuiert
wurde dieser Eindruck, weil ohne Schienen und Stative ge-
filmt wurde. Drehort war nicht das Studio, sondern die Strasse. Künstliches Licht wurde kaum verwendet, was bei
Innenaufnahmen die Gesichter der Gefilmten mitunter dun-
kel erscheinen liess.

Der Regisseur des Streifens war Jean-Luc Godard. Er gehörte zu einer Gruppe von Filmkritikern, deren Zeitschrift
«Cahiers du Cinéma» zum Sprachrohr von jungen Filmemachern wurde, die provokativ die Konventionen der her-
kömmlichen Kinoproduktionen sprengen wollten. Man
nannte diese Bewegung «Nouvelle Vague».

«A bout de souffle» war mit ein Auslöser dieser «Welle», die
das moderne Kino entscheidend beeinflussen sollte. Der
Filmwissenschafter Thomas Christen meint: «Godard hat
mit dieser Hommage an den amerikanischen Film noir die
Bedingungen fürs Filmemachen verändert.» 1959 war der
anarchisch angehauchte Streifen mit Jean-Paul Belmondo
und Jean Seberg in den Hauptrollen der erfolgreichste und
meistdiskutierte Premierenfilm des Jahres und Godard der
neue Star des französischen Kinos.

Bevor es ihn nach Frankreich verschlug, wuchs der Spross
eines Schweizer Arztes und einer französischen Geldadligen
wohlbehütet in Nyon am Genfersee auf. In Paris verbrachte

Godard seine Zeit im Kreise junger Filminteressierter. Seine Mutter sah dies nicht gern und schickte ihn als Bauarbeiter zum entstehenden Staudamm Grande-Dixence ins Wallis, wo er prompt seinen ersten Dokumentarfilm realisierte: «Opération Béton». Nun wusste er, dass er Filme machen wollte.

Seine Pariser Bekanntschaften brachten ihn in die Nähe von Truffaut, Claude Chabrol und Jacques Rivette. Sie alle reüssierten in der Filmbranche. «Diese Gruppe vertrat die Philosophie, dass der Regisseur gleichzeitig der Autor und Hauptverantwortliche des Films sein müsse», sagt Christen. «Neu war auch, dass Kritiker, die über ein beachtliches Mass an theoretischem Wissen verfügten, anfingen, selber Filme zu drehen.»

Godard entwickelte bald seinen eigenen Stil. Laut Christen gab es zu dieser Zeit einige Konstanten in Godards Werken: «Oft stand eine Frau im Mittelpunkt – meist seine jeweilige Lebensgefährtin. Charakteristisch sind auch die Präsenz seiner Sprache aus dem Off, die offensichtliche Verspieltheit der Aktion und die Thematisierung des Filmemachens im Film selbst. Beliebt bei ihm war auch das Zitieren von Bildern oder Texten.»

Diesem Dogma sollte Godard aber nicht verhaftet bleiben. Die 68er-Bewegung brachte eine Wende in seinem Schaffen. Unter dem Eindruck der Ideen der Neuen Linken gründete er die Gruppe «Dsiga Wertow» und drehte nur noch politisch-agitatorische Filme im Kollektiv. In dieser Zeit experimentierte der kauzige Filmtüftler auch mit dem neuen Medium Video.

Mitte der siebziger Jahre zog es Godard zurück in die Schweiz nach Rolle, wo er noch immer lebt und arbeitet. Er

Jean-Luc Godard: *Paris 3.12.1930, Filmregisseur. Nach zwei Ehen mit den Schauspielerinnen Anna Karina und Anne Wiazemsky lebt und arbeitet Godard mit Anne-Marie Miéville zusammen.

wandte sich mit «Sauve qui peut (la vie)» (1980) auch wieder dem grösseren Publikum zu.

Seine kulturelle Heimat ist zwar immer Frankreich gewesen, wo er von vielen Kritikern geradezu verklärt wird. Doch mit zunehmendem Alter bezog Godard immer häufiger Schweizer Landschaften mit in seine Filme ein. Sein Streifen «Nouvelle Vague» mit Alain Delon aus dem Jahre 1990 drehte er am Genfersee. In vielen Filmen finden sich kleine Schweizer Andeutungen. Zum Beispiel lässt er Belmondo in «A bout de souffle» das welsche «huitante» statt dem französischen «quatre-vingt» sagen. Und die charmantesten Frauen seien laut dem Filmmacho im selben Streifen nicht etwa in Rom oder Paris zu finden, sondern in Lausanne und Genf.

Pascal Unternährer

Zum Weiterlesen

Jean-Luc Godard par Jean-Luc Godard. 2 Tomes. Cahiers du Cinéma, Paris 1998.

Jean-Luc Douin: Jean-Luc Godard. Editions Rivages, Paris 1994.

Antoine de Baecque, André S. Labarthe, Charles Tesson: La Nouvelle Vague. Claude Chabrol, Jean-Luc Godard, Jacques Rivette, Eric Rohmer, François Truffaut. Cahiers du Cinéma, Paris 1999.

Der LSD-Entdecker

*Der Chemiker **Albert Hofmann** entdeckte das Halluzinogen LSD. In seinen naturphilosophischen Betrachtungen plädiert er für eine ganzheitliche Sichtweise.*

«Alle Anstrengungen meines Willens, den Zerfall der äusseren Welt und die Auflösung meines Ich aufzuhalten schienen vergeblich. Ein Dämon war in mich eingedrungen und hatte von meinem Körper, von meinen Sinnen und von meiner Seele Besitz ergriffen. Ich sprang auf und schrie, um mich von ihm zu befreien, sank dann aber wieder machtlos auf das Sofa. Die Substanz, mit der ich hatte experimentieren wollen, hatte mich besiegt.»

So beschreibt Albert Hofmann den Höhepunkt seines Horrortrips, den er am 19. April 1943 durchlebte. Er hatte zuvor 0,25 mg Lysergsäure-Diäthylamid geschluckt, um im Selbstversuch herauszufinden, wie die von ihm hergestellte Substanz wirkte. Den auf dem Mutterkorn basierenden Stoff hatte er 1938 erstmals synthetisiert in der Absicht, ein Kreislauf- und Atmungsstimulans herzustellen.

Obwohl Hofmann die Testmenge sehr vorsichtig gewählt hatte, entpuppte sie sich als veritable Überdosis. LSD revolutionierte die Psychopharmakologie, seine Potenz stellte alles Bisherige weit in den Schatten: Ein halbes Kilo der Substanz würde genügen, um die ganze Schweiz auf den Trip zu schicken.

LSD wurde als «Wunderdroge» begrüsst und in der Psychoanalyse als medikamentöses Hilfsmittel getestet, um Blockaden von Patienten zu lösen. In den sechziger Jahren geriet das Pharmazeutikum dann allerdings in Verruf. Die Hippie-Bewegung erkor LSD zu ihrer Kultdroge. Der LSD-Apostel Timothy Leary propagierte in den USA die Politik der Ekstase. Sein Slogan «Turn on, tune in, drop out» war schnell in aller Munde. Die Regierungen reagierten mit einem weltweiten

Verbot von LSD. Das Verbot brachte die Forschung zum Stillstand, den privaten Konsum hingegen konnte es nicht stoppen.

Trotz dieser Entwicklung ist Hofmann seiner Entdeckung treu geblieben: «Ich bin dankbar, dass ich LSD entdecken konnte», sagt der betagte Chemiker 1999. Im Gegensatz zu Drogen wie Nikotin, Heroin oder Kokain macht LSD nicht süchtig und ist in den rauscherzeugenden Dosen auch nicht giftig.

Das LSD-Erlebnis lasse sich nicht beschreiben, nur umschreiben, meint Hofmann. «LSD steigert das emotionale Empfinden und drängt das rationale Denken zurück, man erlebt die Welt optisch und akustisch viel intensiver.»

Die grosse Gefahr bei LSD bestehe darin, dass die Erfahrung einer radikal neuen Wirklichkeit nicht verarbeitet werden könne. Daher betont sein Entdecker: «LSD gehört nicht auf die Strasse, es ist kein Genussmittel, sondern eine sakrale Droge. Die mexikanischen Indianer kennen alte Zauberdrogen, die dem LSD verwandt sind. Ihre Anwendung liegt in den Händen der Curanderos, der Magier. Auch bei uns gehört LSD in die Hände der Magier, das heisst der Psychiater.»

Hofmann arbeitete über 40 Jahre für Sandoz in der Naturstoffforschung. Neben LSD entwickelte er aus mexikanischen Rauschpilzen das Halluzinogen Psilocybin, aber auch Medikamente wie Methergin (zur Stillung von Nachgeburtsblutungen), Dihydergot (Kreislaufmittel) und das Geriatrikum Hydergin.

Seine Arbeit verband der Chemiker mit einem tiefen Glauben: «Zwischen religiöser Welterfahrung und naturwissenschaftlicher Erkenntnis besteht kein Widerspruch, vielmehr vergrössern die naturwissenschaftlichen Einsichten das Staunen über die Wunder der Schöpfung.»

Albert Hofmann: *Baden 11.1.1906. Chemiker, Naturphilosoph. Verheiratet mit Anita Guanella, vier Kinder.

Die Zukunft seines Lieblings-, aber auch Sorgenkindes LSD sieht Hofmann zuversichtlich. Er glaubt, dass das Verbot bald gelockert wird. «LSD kann in der Psychotherapie nach wie vor gute Dienste leisten.»

Patrick Kupper

Zum Weiterlesen

Albert Hofmann: Einsichten Ausblicke. Essays. Wilhelm Heyne Verlag, München 1997.

Albert Hofmann: LSD – mein Sorgenkind. Die Entdeckung einer «Wunderdroge». dtv, München 1993.

Albert Hofmann, Richard Evans Schultes: Pflanzen der Götter. Die magischen Kräfte der Rausch- und Giftgewächse. Hallwag Verlag, Bern, Stuttgart 1980.

Internet: Albert Hofmann-Foundation, www.hofmann.org

Die Freidenkerin

Jeanne Hersch war bekennende Sozialistin. Die Philosophin kämpft aber auch für die Atomkraft und eine starke Armee.

Die Freiheit ist ihr Thema. Ihr ganzes Leben lang hat sich die Genfer Philosophin Jeanne Hersch mit diesem Zauberwort beschäftigt, das sich alle politischen Parteien dieses Jahrhunderts auf die Fahnen geschrieben haben. Was ist Freiheit? fragte sich Hersch schon als Studentin. Wofür ist sie da? Und vor allem: Wo sind ihre Grenzen?

Um diesen Fragen nachzugehen, fuhr die junge Genferin 1932 nach Heidelberg, wo der Existenzphilosoph Karl Jaspers lehrte. «Als ich Jaspers hörte, entdeckte ich, was Philosophie ist», sagte Hersch einmal in einem Interview. Kurz nach Herschs Ankunft kam Adolf Hitler in Deutschland an die Macht. Dieses Erlebnis prägte sie tief: «Da verstand ich, wie ein totalitäres Regime sich durchsetzt. Seine Ideologien werden zerstäubt in einer Art Atmosphäre, die man von morgens bis abends einatmet und die einen buchstäblich mit jedem Atemzug vergiftet.»

Jede Form von totalitärem Denken war ihr fortan verhasst. Als im Mai 1968 die Studenten im Pariser Quartier Latin Barrikaden errichteten und über den Umsturz der bürgerlichen Gesellschaft debattierten, war Hersch zufällig in Paris. Sie hörte sich vor Ort an, was die Studenten zu sagen hatten. Und fällte ein vernichtendes Urteil: «Der Geist von 1968 erschien mir kindisch und von einem ganz und gar unmenschlichen Gleichheitsstreben durchzogen.»

Der Basler Philosophieprofessor Hans Saner vermutet, dass Jeanne Hersch im Mai 68 eine unheilvolle Wiederholung dessen sah, was sich 1933 in Deutschland ereignet hatte: «Sie bekam Angst, dass die politischen Formen zu schnell zerbrechen.»

Jeanne Hersch war 1956 eine der ersten Frauen, die in der Schweiz eine Professur übernehmen konnten. Ab 1966 war sie für zwei Jahre Direktorin der Abteilung Philosophie der Unesco.

Sie ist bis heute eine der profiliertesten Schweizer Intellektuellen geblieben. Eine, die sich nie dem Zeitgeist unterordnete. Denn die Trends, die die Gesellschaft seit Ende der sechziger Jahre prägen – Selbstverwirklichung und Kritik an den Autoritäten – lehnt sie entschieden ab: «Tun, was man will, wie man will, wo man will? Das ist doch Unsinn. Das ist nicht Freiheit, sondern Willkür.»

Zunehmend entfremdete sich die bekennende Sozialistin von der Sozialdemokratischen Partei. Immer mehr ähnelten ihre politischen Ansichten denen konservativer Kreise. Hersch kämpfte für die Atomkraft und für eine starke Armee. Sie stand der Frauenemanzipation ebenso kritisch gegenüber wie der Zürcher Jugendbewegung. 1997 setzte sie sich für die repressive Initiative «Jugend ohne Drogen» ein – und befand sich damit im selben Boot mit Vertretern der Schweizer Demokraten und der reaktionären Psychosekte VPM.

Dennoch findet Hans Saner den Vorwurf, Hersch habe sich auf ihre alten Tage in eine konservative Denkerin verwandelt, sehr ungerecht: «Jeanne Hersch ist bis zum heutigen Tag eine sozial denkende Person geblieben. Sie liess sich nie durch eine Ideologie binden und ist oft viel weniger konservativ als die Leute, die sie als konservativ bezeichnen.»

Christof Dejung

Jeanne Hersch: *Genf 13.7.1910, Philosophin.

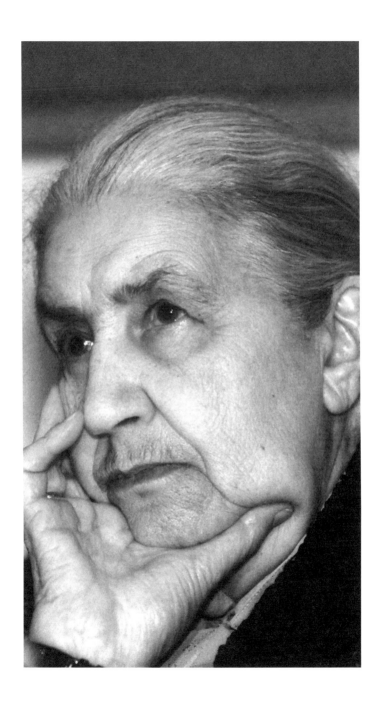

Zum Weiterlesen

Gabrielle und Alfred Dufour: Schwierige Freiheit. Gespräche mit Jeanne Hersch. Benziger Verlag, Zürich und Köln 1986.

Jeanne Hersch: Menschsein-Wirklichkeit-Sein. Akademie-Verlag, Berlin 1995.

Der Reformtheologe

Hans Küng machte sich als Kirchenkritiker und Reformtheologe weltweit einen Namen. Heute setzt er sich für eine Verständigung zwischen den Religionen ein.

«Unfehlbar?», fragte Hans Küng 1970, just zum hundertsten Jahrestag der päpstlichen Unfehlbarkeitserklärung. Sofort war Feuer im Dach des Vatikans. Die römische Glaubenskongregation, die vormalige Inquisition, leitete ein Verfahren gegen den in Tübingen lehrenden Schweizer Theologen ein.

Wenige Jahre zuvor hatte das Zweite Vatikanische Konzil (1962–1965) für kurze Zeit eine Aufbruchsstimmung in der katholischen Welt bewirkt. Küng, von Papst Johannes XXIII. zum Konzilsberater (Peritus) ernannt, gehörte dort zur Fraktion der Reformer. Unter dem neuen Papst Paul VI. setzten sich aber schliesslich die Bewahrer durch. Das 1970 gegen Küng eingeleitete Verfahren war ein deutliches Zeichen, dass die Erneuerungsbewegung in der katholischen Kirche gescheitert war.

1979 entzog dann die Glaubenskongregation mit der ausdrücklichen Billigung von Papst Johannes Paul II. Küng die «missio canonica», die kirchliche Lehrbefugnis. Die Universität Tübingen machte daraufhin ihr Institut für ökumenische Forschung fakultäts- und kirchenunabhängig. Küng stand diesem bis zu seiner Emeritierung 1996 vor.

Die Strategie Roms, Küng mundtot zu machen, war fehlgeschlagen. Vielmehr avancierte der streitbare Professor im deutschsprachigen Raum zur eigentlichen Gegenstimme des Papstes. Er trat weiterhin für eine radikale Reform der katholischen Kirche ein, kritisierte das päpstliche Verbot von Verhütungsmitteln und forderte die Aufhebung des Zölibats, die Einführung der Laienpredigt und der Frauenordination.

In den achtziger Jahren wandte sich Küng dann zunehmend den Weltreligionen zu. «Kein Frieden unter den Nationen ohne Frieden unter den Religionen», lautet seither seine Grundüberzeugung. Küng lancierte das Projekt «Weltethos», in das er heute seine Energien steckt, die auch mit über 70 Jahren unversiegbar scheinen.

«Die Globalisierung verlangt nach einem globalen Ethos», sagt Küng. Ein solches Menschheitsethos könne und solle aber nicht an die Stelle der verschiedenen Religionen und Philosophien treten. Es sei kein Ersatz für die Thora, die Bergpredigt, den Koran, die Reden des Buddha oder die Sprüche des Konfuzius.

«Der Weltethos ist nicht mehr, aber auch nicht weniger als ein Minimum an gemeinsamen humanen Werten, Massstäben und Grundhaltungen», erklärt Küng. «Die bestehenden frappierenden Gemeinsamkeiten zwischen den Religionen sollten wir nutzen als Basis für die Arbeit am Religions- und Weltfrieden.» Dazu brauche es einen Dialog zwischen den Religionen ebenso wie die Erforschung der Grundlagen der einzelnen Religionen. Um diese Botschaft zu verbreiten, drehte Küng 1999 die Fernsehserie «Spurensuche: Die Weltreligionen unterwegs.»

Küngs Bild der Religionen sei zu sehr durch eine abendländisch-aufklärerische Sichtweise geprägt, kritisierte der Zürcher Theologieprofessor Fritz Stolz anlässlich der Serie. Vom Panorama, das Küng entwirft, zeigt sich aber auch Stolz beeindruckt: «Kein Religionswissenschafter könnte wohl so unbefangen die Welt der Religionen in ihrer Vielfalt und Einheit zur Darstellung bringen, wie Küng dies tut.»

Patrick Kupper

Hans Küng: *Sursee (LU) 19.3.1928. Theologe, 1960–1996 Ordentlicher Professor an der Universität Tübingen, seit 1995 Präsident der Stiftung Weltethos.

Zum Weiterlesen

Hans Küng: Unfehlbar? Eine Anfrage. Benziger Verlag, Zürich 1970.

Hans Küng: Denkwege. Ein Lesebuch. Hg. von Karl-Josef Kuschel. Serie Piper, erw. Neuauflage, München 1999.

Hans Küng: Spurensuche. Die Weltreligionen auf dem Weg. Piper Verlag, München 1999.

Internet: www.uni-tuebingen.de/stiftung-weltethos

Der Ski-Champion

*Bernhard Russi hat in den 70er-Jahren als
Skifahrer Triumphe gefeiert. Heute ist der Urner
so bekannt und populär wie damals.*

Schier Unglaubliches ereignet sich am 15. Februar 1970,
dem letzten Tag der Ski-WM in Val Gardena: Mit Startnummer
15 wird der junge Urner Bernhard Russi völlig überraschend
Weltmeister. Nachwuchsfahrer Russi hat sich erst in letzter
Minute für die WM qualifiziert und fährt mit gebrochener
linker Hand. Trotzdem lässt er Skigrössen wie die Österreicher Karl Cordin und Karl Schranz hinter sich. «Das darf es
doch nicht geben, ein Grünschnabel schlägt mich», lamen-
tiert der zweitplatzierte Cordin nach Russis Fahrt im Ziel-
raum.

Der Weltmeistertitel war die Geburt von Russi als Skistar.
«Ein Traum wurde wahr, wie ihn jeder junge Sportler
träumt», erinnert sich der Champion heute an die Fahrt, die
sein Leben veränderte. «Für die Schweiz war sein Sieg eine
Erlösung, vorher standen wir im Schatten der Österreicher»,
erklärt der Sportjournalist Martin Born, «Russi wurde ein
bisschen zum Messias für die Skisportnation Schweiz.» Sein
Triumph löst eine noch nie dagewesene Ski-Euphorie aus.
Nicht zuletzt wegen des Fernsehens, dessen Live-Übertra-
gungen auch die Daheimgebliebenen mitfiebern lassen.

In den nächsten beiden Wintern bestätigt der «Grünschnabel» seinen Titel aufs Eindrücklichste: Russi gewinnt zweimal den Abfahrtsweltcup und holt sich 1972 während der
«Goldenen Tage von Sapporo» den Abfahrts-Olympiasieg
vor Roland Collombin. Damit steht der «Ausnahmeathlet,
der es auch in einer anderen Sportart weit hätte bringen
können», so Sportreporter-Legende Karl Erb, im Zenit seiner
Karriere. Russi fährt zwar bis zu seinem Rücktritt nach der
WM 1978 in Garmisch noch in der Weltspitze mit und gewinnt 1976 in Innsbruck hinter Franz Klammer Olympiasil-

ber. Er steht aber immer etwas im Schatten anderer Skiasse – zuerst Collombin, der 1973 und 1974 serienweise Abfahrten und den Abfahrtsweltcup gewinnt und dann Klammer, «dem grössten Abfahrer seiner Zeit», wie Russi neidlos eingesteht.

Die beiden grossen Schweizer Abfahrer der siebziger Jahre, Russi und Collombin, hätten verschiedener nicht sein können: Collombin war ein Hasardeur, der alles riskierte, um zu gewinnen. Russi hingegen «analysierte, suchte die perfekte Linie, war ein Stilist und hervorragender Springer», schwärmt Born.

Die Tatsache, dass Russi zwischen Frühling 1972 und 1977 kein Rennen mehr gewinnt, tut seiner Popularität keinen Abbruch. Im Gegenteil: «Sein Kampf zurück zum Sieg bewegte alle», erzählt Born. Und Russi, ganz «Gentleman auf Skiern», zeigt in den Niederlagen Grösse und wird seinem Ruf als brillanter Stilist auch neben der Piste gerecht.

Sein tadelloses Image ermöglicht ihm den mühelosen Wechsel vom Skizirkus ins Berufsleben. Als erster Profi im Weltcupzirkus knüpft er schon früh Kontakte zu Sponsoren. Und als Berufsmann bringt er Qualitäten zum Tragen, die ihn schon als Sportler ausgezeichnet haben – «Selbstbewusstsein, Zielstrebigkeit, Intelligenz und Ausstrahlung» (Erb). Bereits legendär sind Russis Auftritte als Werbebotschafter für Subaru, und er ist Verwaltungsratsdelegierter und Berater verschiedener Firmen. Seine anhaltende Popularität verdankt er jedoch seinen Engagements rund um den Skizirkus als Co-Kommentator beim Schweizer Fernsehen, Kolumnist und vor allem als Pistenbauer. Für seine Arbeit als Pistenar-

Bernhard Russi: *Andermatt (UR) 20. 8. 1948. Skirennfahrer und Pistenarchitekt. Abfahrts-Olympiasieger 1972, Olympiazweiter 1976, Weltmeister 1970, Weltcupsieger Abfahrt 1971 und 1972. Verheiratet mit Mari Bergström, zwei Kinder Ian (aus erster Ehe mit Michèle Rubli) und Jennifer.

chitekt wurde er an der Ski-WM 1999 in Vail mit dem «International Skiing-Award» ausgezeichnet.

Bei seinem erfolgreichen Gang durchs Leben hält sich der Urner an trendige Grundsätze: «Ich bin immer auf der Suche nach Qualität. Das gilt für meine Arbeit genauso wie für meine Beziehungen.» Gerade seine Familie, Glück und Gesundheit würden immer wichtiger: «Der berufliche Erfolg tritt etwas in den Hintergrund». Die Höhepunkte seines Lebens sind für Russi denn auch nicht seine Siege, sondern «die Geburten meiner beiden Kinder.»

Thomas Gull

Zum Weiterlesen

Karl Erb: Faszination Abfahrt. Schweizer Verlagshaus, Zürich 1985.

Der Troubadour

*Die Lieder des Berner Chansonniers **Mani Matter**
gehören längst zur Schweizer Volkskultur.
An seine Person erinnert sich kaum mehr jemand.*

«Dr Ferdinand isch gstorbe» – oft genügt schon die erste Zeile eines seiner Chansons, und schon tauchen in unseren Köpfen die Melodie und die nächsten Verse auf.

Mani Matter starb vor beinahe dreissig Jahren bei einem Autounfall. Seine Lieder aber sind fester Bestandteil der Deutschschweizer Kultur geworden. Jedes Kind kennt sie. In der Schule hat Manis «Sidi Abd el Assar vo El Hama» den «luschtige Senne» längst den Rang abgelaufen. Das Leben des begnadeten Chansonniers ist hingegen in Vergessenheit geraten.

Eigentlich hiess Mani Hans-Peter. Seit seiner Pfadfinderzeit nannte er sich aber nur noch Mani. Aufgewachsen war er in einer gutbürgerlichen Familie, seine Muttersprache war nicht Berndeutsch, sondern Französisch. Beruflich machte Matter Karriere als Jurist: doktorierte, arbeitete als Oberassistent an der Universität und wurde Rechtskonsulent der Stadt Bern. Seine Habilitationsschrift blieb aufgrund seines jähen Todes unvollendet.

Politisch engagierte sich Mani Matter beim «Jungen Bern», das er von 1964 bis 1967 präsidierte. Die kleine Regionalpartei entsprach Matters politischer Einstellung: nicht revolutionär, sondern reformerisch, nicht ideologisch abgehoben, sondern dem konkreten Alltag verhaftet.

Die Berner Grenzen sprengte Mani Matter mit seinen Liedern. «Er prägte eine bestimmte Form von Chansons, die durch Kürze, Witz, Ironie und Einfachheit gekennzeichnet war», meint der Schriftsteller und Kabarettist Franz Hohler. In den sechziger Jahren trat Matter verschiedentlich mit anderen berndeutsch singenden Liedermachern auf, die bald nur noch die «Berner Troubadours» genannt wurden. 1966

159

nahm er seine erste Platte auf, 1971 tourte er erstmals solo durch die Schweiz.

Für Hohler hat Mani Matter zusammen mit anderen die Dialektform für das Dichten, Denken und Singen zurückerobert. Hochdeutsche Lieder zu schreiben stand für den urchigen Berner aber gar nie wirklich zur Diskussion. «Es ergab sich, dass ich meine Lieder selber singen sollte, und da ich nicht Hochdeutsch kann, musste ich sie wohl oder übel auf Berndeutsch schreiben», sagte Matter einmal in einem Interview.

Matters Lieder waren bei Jung und Alt, bei Linken und Rechten gleichermassen beliebt. Ihm wurde dies langsam selber unheimlich: «Ich versuche dann auch, Lieder zu machen, die doch gar nicht mehr ankommen können, um mir zu bestätigen, dass ich dem Publikum nicht nach dem Maul singe.» Vielleicht finden wir deshalb unter Mani Matters letzten Kompositionen mit «Nei säget söue mir» und «Warum syt dir so truurig» zwei beklemmende, unbehagliche Lieder.

Um das Chanson wurde es in den letzten beiden Jahrzehnten ruhig, nicht aber um Mani Matters Lieder. In den achtziger Jahren entdeckten die Berner Mundartrocker den Troubadour: Auf keiner von Züri Wests damaligen Platten durfte Mani Matter fehlen. Und Stephan Eichers Matter-Interpretation von «Hemmige» lehrte halb Frankreich berndeutsch singen. Mit der CD «Matter-Rock» hat die Berner Musikszene dem Mundartdichter 1992, zwanzig Jahre nach seinem Tod, ein Denkmal gesetzt.

Patrick Kupper

Mani (Hans-Peter) Matter: *Bern 4.8.1936, †Autobahn bei Kilchberg (ZH) 24.11.1972. Chansonnier, Poet, Jurist. Verheiratet mit Joy Doebeli, drei Kinder: Sibyl, Meret, Ueli.

Zum Weiterlesen, Hören und Selber-Spielen

Franz Hohler: Mani Matter. Ein Porträtband. 2. überarb. Auflage, Benziger Verlag, Zürich 1992.

Mani Matter: Ir Ysebahn. Eine Live-Aufnahme aus dem Théâtre Fauteuil Basel, CD oder Kassette, Zytglogge Ton.

Matter-Rock. Eine Hommage der Berner Musikszene an Mani Matter. CD, Zytglogge Ton, 1992.

Texte und Noten: «Us emene lääre Gygechaschte», «Warum syt dir so truurig», «Einisch nach emne grosse Gwitter». Alle Benziger/Patmos Verlag, Zürich.

Der Staatsarbeiter

Willi Ritschard wurde als erster Arbeiter in den Bundesrat gewählt. Er trat für einen Staat ein, der allen gehört.

«Kein Satz hat ihn so sehr geschmerzt wie jenes fast einleuchtende ‹Mehr Freiheit und weniger Staat›», erinnert sich der Schriftsteller Peter Bichsel, den eine enge Freundschaft mit Willi Ritschard verband. In seiner 1.-Mai-Rede von 1980 gab der SP-Bundesrat Ritschard seinen Befürchtungen Ausdruck: «‹Mehr Freiheit oder mehr Staat› ist eine falsche, eine demagogische Alternative. Wir brauchen den Staat, weil wir Freiheit für alle wollen.»

Willi Ritschard wirkte hier als Vordenker, meint Peter Hablützel, der persönlicher Berater von Bundesrat Ritschard war und heute das Eidgenössische Personalamt leitet: «Ihm war klar, dass ein schwacher Staat kein sozialer Staat sein kann. Er hat in der SP – auch bei vielen 68ern – einen Umdenkprozess eingeleitet. Er machte klar, dass die Linke den Staat nicht umkrempeln, sondern verteidigen muss, damit er nicht von rechts wegrationalisiert wird.»

Dass Willi Ritschard überhaupt Bundesrat wurde, ist eine höchst erstaunliche Geschichte. Sein Lebenslauf liest sich wie eine schweizerische Version der amerikanischen «vom-Tellerwäscher-zum-Millionär»-Story: 1918 als jüngstes Kind in eine Arbeiterfamilie geboren – der Vater Schuhmacher und Sozialdemokrat. Besuch der Sekundarschule und Lehre als Heizungsmonteur. 1943 Beginn einer steilen Karriere als Gewerkschafter und Politiker: Ritschard wurde Sekretär der Solothurner Sektion des Schweizerischen Bau- und Holzarbeiterverbands (heute: Gewerkschaft Bau & Industrie) und im selben Jahr Gemeinderat von Luterbach. Die folgenden Stationen seiner Laufbahn hiessen: Gemeindeamman (1947–1959), Kantonsrat (1945–1964), Nationalrat (1955–1963), Solothurner Regierungsrat (1964–1973), und am 5. Dezember 1973 schliesslich: Wahl als Nachfolger von Hans-Peter Tschudi in den Bundesrat.

Dort übernahm er zuerst das Verkehrs- und Energiewirtschaftsdepartement, bevor er 1980 ins Finanzdepartement wechselte. Sein heikelstes Geschäft war die Kontroverse um die Atomenergie, die 1975 mit der Besetzung von Kaiseraugst zu eskalieren drohte. Ritschard, der im Gegensatz zu seiner Partei den Bau von Atomkraftwerken befürwortete, sperrte sich gegen eine militärische Räumung des Geländes, wie sie von bürgerlicher Seite gefordert wurde. Im Gespräch erreichte er, dass die Besetzer und Besetzerinnen freiwillig abzogen.

Ritschards Bedeutung messe sich aber nicht in erster Linie an politischen Resultaten, sagt Hablützel, zentral sei seine Integrationswirkung: «Er repräsentiert die volle Integration der Arbeiterbewegung in das politische System der Schweiz, indem er die Arbeiterschaft in Fleisch und Blut im Bundesrat vertreten hat.»

Der SP-Bundesrat war ungeheuer beliebt. Seine Popularität verdankte er seiner einfachen Herkunft, aber auch seinem volkstümlichen Charakter. «Ritschard war eine sehr starke Persönlichkeit, die eine unheimliche Präsenz ausstrahlte. Wo er auch auftauchte, er zog die Leute sofort in seinen Bann.» (Hablützel)

Ritschard trat an vielen Orten auf, er suchte die Begegnung mit den Menschen. Peter Bichsel schrieb: «Sein Ziel war ein Staat, der einer aufgeklärten Mehrheit gehört. Also betrieb er Aufklärung. Seine politische Leistung ist eine pädagogische, seine Reden sind das Zentrum seiner Politik, er betrachtete sie nicht als Hilfsmittel, sondern als zentrale politische Aufgabe.»

Willi Ritschard: *Deitingen (SO) 28.9.1918, †Luterbach (SO) 16.10.1983. Heizungsmonteur, Gewerkschafter, Bundesrat. Verheiratet mit Greti Hostettler, zwei Kinder: Rolf und Greti.

Die aufopfernde Amtsführung zehrte an den Kräften des Mannes mit der hühnenhaften Statur. Willi Ritschard starb am 16. Oktober 1983 auf einer Wanderung an Herzversagen, zwei Wochen, nachdem er seinen Rücktritt aus dem Bundesrat bekanntgegeben hatte.

Patrick Kupper

Zum Weiterlesen

Peter Hablützel, Karl Schwar: Willi Ritschard 1918–1983. In: Urs Altermatt (Hg.): Die Schweizer Bundesräte. Ein biografisches Lexikon. Artemis & Winkler Verlag, Zürich 1991, S. 545–550.

Frank A. Meyer (Hg): Willi Ritschard. Bilder und Reden aus seiner Bundesratszeit. Mit einem Essay von Peter Bichsel. Ringier Verlag, Zürich 1984.

Der Polemiker

Niklaus Meienberg war der bekannteste und umstrittenste Journalist der Schweiz. Mit seinen Büchern und Artikeln setzte er Massstäbe und löste Kontroversen aus.

Zürich-Oerlikon, Eisfeldstrasse 6, 21. September 1993, gegen Mitternacht. Niklaus Meienberg schreibt ein paar Worte auf einen Zettel und legt ihn neben seine Matratze. Dann nimmt er eine Handvoll Tabletten, spült sie mit Rotwein runter und stülpt sich einen Kehrichtsack über den Kopf.

Still und leise starb Niklaus Meienberg. Sein Freitod löste jedoch ein riesiges mediales Echo aus. Wie sein Tod waren auch viele seiner Bücher und Artikel Ereignisse, die die Nation beschäftigten. Die einen bewunderten dabei Meienbergs Mut und seine Respektlosigkeit, wenn er Missstände anprangerte und die Mächtigen mit dem rhetorischen Zweihänder vom hohen Ross runterholte. Die anderen kritisierten seine oft unsachliche und polemische Art.

Meienberg litt unter dieser Polarisierung: «Unter diesem totalen Erwartungsdruck, einerseits von rechts (was macht er jetzt wieder Böses?) und von links (was tut er wieder für uns?) kann man auf die Länge nicht ruhig arbeiten», bekannte er 1990 in einem Interview.

Dabei hat alles ganz unspektakulär angefangen: Meienberg wächst wohlbehütet im katholischen Milieu St. Gallens auf, macht an der Klosterschule Disentis die Matura und studiert in Freiburg, Zürich und Paris Geschichte. Während seiner Studienzeit vertritt er konservative Ansichten und ist Mitglied eines reaktionären Geheimbundes.

1968 erlebt er als Student in Paris die Mai-Unruhen. Der konservative Junghistoriker mausert sich zum engagierten Linken. «Einen abrupten Bruch gibt es allerdings nicht», betont die Meienberg-Biografin Marianne Fehr, «diese Veränderungen ergaben sich nach und nach.»

Meienberg macht sich schnell einen Namen als kritischer Journalist, der saftig schreiben kann. Mit seinen Reportagen aus Frankreich und der Schweiz setzt er journalistische Massstäbe. Als Berichterstatter betrachtet Meienberg das Geschehen nicht aus sicherer Distanz, sondern ist selbst mitten drin – engagiert, parteiisch und pointiert.

Meienbergs historische Arbeiten, etwa über den Landesverräter Ernst S. oder General Ulrich Wille, zeigen neue Facetten der Schweizer Geschichte. «Seine Geschichtsbetrachtung hat eine moralische Komponente», analysiert der Berner Historiker Albert Tanner, «er schreibt oft aus der Opferperspektive, rückt Aussenseiter in den Mittelpunkt und personifiziert geschichtliche Ereignisse.» Dabei sei er als eigentlicher «Rächer» aufgetreten, der Mächtige und Mythen demontierte.

Seine angriffige Schreibe beschert Meienberg viele Feinde. Ein unflätiger Artikel Meienbergs zum siebzigsten Geburtstag des Fürsten von Liechtenstein, Franz Josef II., im Zürcher Tages-Anzeiger verärgert den Verleger Otto Coninx dermassen, dass er ein Publikationsverbot verhängt.

Die ständigen Auseinandersetzungen mit wechselnden Gegnern zermürben nicht zuletzt Meienberg selbst. 1991 versucht er, den Golfkrieg im Alleingang zu beenden. Er schreibt, faxt und telefoniert in der Welt herum und fühlt sich vom israelischen Geheimdienst verfolgt. Mit seinem manischen Treiben ramponiert er seinen Ruf und löst selbst bei Freunden Kopfschütteln aus.

Als sich 1992 und 1993 Unglücksfälle und Angriffe auf seine Person häufen, setzt ihm das derart zu, dass er beschliesst, sich umzubringen. Was er dann auch tut. An jenem Abend im September 1993.

Thomas Gull

Niklaus Meienberg: *St. Gallen 11.5.1940, †Zürich 21.9.1993. Journalist, Historiker, Schriftsteller.

Zum Weiterlesen

Marianne Fehr: Meienberg. Lebensgeschichte des Schweizer Journalisten und Schriftstellers. Limmat Verlag, Zürich 1999.

Niklaus Meienberg: Reportagen. 2 Bände, Limmat Verlag, Zürich 2000.

Niklaus Meienberg: Die Erschiessung des Landesverräters Ernst S., Limmat Verlag, Zürich 1992. Das Buch wurde von Richard Dindo verfilmt.

Aline Graf: Der andere Niklaus Meienberg. Weltwoche-ABC-Verlag, Zürich 1998.

Der Jura-Vater

*Roland Béguelin gilt als «Monsieur Jura».
Der charismatische Politiker sorgte dafür, dass es
heute einen Kanton Jura gibt.*

«Das Erwachen des Juras ist eine Realität. Zweifellos wird es
an die dreissig Jahre dauern, bis sich das Schicksal eines Volkes erfüllt, das für die Unabhängigkeit geschaffen ist.» Diese
Sätze schrieb Roland Béguelin 1952, als er zum Generalsekretär des «Rassemblement jurassien» (RJ) ernannt wurde. Er
sollte Recht behalten: Am 1.1.1979 war der Kanton Jura Tatsache.

Der im Arbeitermilieu geborene Béguelin studierte in Neuenburg Wirtschaftswissenschaften, obwohl er eigentlich
Dichter werden wollte. Der Student mauserte sich zum Intellektuellen, der überzeugt war, eine Elite müsse das Volk
mit der von ihm vielbeschworenen Macht des Wortes vorstehen. 1945 trat er der SP bei, nicht etwa, um einen Klassenkampf zu führen, sondern um das jurassische Volk vom
«kalten Ungeheuer», wie er den Berner Staat nannte, zu befreien. Diesem Ziel widmete er fortan sein gesamtes Leben.
Als Chefredaktor der Wochenzeitung «Jura libre» prangerte
Béguelin immer wieder die «Germanisierung» des Juras an.
Bald wurde klar, dass der Berufsseparatist mit seiner Leidenschaft und unschweizerischen Lust auf Provokation Bewegung in die Jurafrage bringen würde.

Ein Fanal war der Zwischenfall von Les Rangiers im Sommer
1964. 5000 Mitglieder des RJ und dessen Jugendverbandes
«Bélier» hinderten anlässlich einer Gedenkfeier der Grenzbesetzung während der beiden Weltkriege die Redner,
Bundesrat Paul Chaudet und den Berner Regierungsrat Virgile Moine, am Sprechen. Sie skandierten separatistische Parolen und lösten dadurch einen Tumult aus.

In der Folge galt Roland Béguelin als «einer der gefürchtetsten Politiker der Schweiz» (alt Bundesrat Hans Peter Tschudi). Er bildete aus dem RJ eine schlagkräftige Kaderorganisation, die im jurassischen Volk verwurzelt war. In Bern wurde der Aktivist zur persona non grata. Die unnachgiebige Haltung der Berner Regierung machte Béguelin jedoch vor allem bei den französischsprachigen Jurassiern nur populärer. Die Fronten verhärteten sich, es gab Gewaltakte von beiden Seiten. Mit den erhaltenen Morddrohungen konnte Béguelin ganze Bundesordner füllen.

1974 erzielten die Separatisten einen grossen politischen Erfolg. Der Gesamtjura befürwortete in einer Abstimmung die Loslösung vom Kanton Bern. Die drei annehmenden Bezirke verschmolzen faktisch zu einem Kanton. Vier Jahre später hiess auch die Schweizer Bevölkerung dieses Vorhaben gut. Für Pierre-André Comte, Béguelins Nachfolger beim neu «Mouvement autonomiste jurassien» genannten RJ, ist Béguelin der «Vater des Juras», der nach 150 Jahren Berner Herrschaft die jurassische Souveränität wiederhergestellt hat.

Béguelin hatte seines Erachtens aber nur ein Teilziel erreicht. Er strebte nun die Vereinigung mit dem berntreuen Südjura an. Mit diesem Ansinnen entfremdete er sich jedoch von der jurassischen Bevölkerung, für die der Aufbau des Kantons vorrangig war. Nun wurde auch sein «autoritärer und antidemokratischer Führungsstil nicht mehr goutiert», sagt Christian Ruch, Juraspezialist der Universität Basel. «Die Mischung aus Fantasie und Fanatismus stimmte nicht mehr.»

Dem Puritaner Béguelin, der weder rauchte noch trank, wurde ebenfalls übelgenommen, dass er sich nie mit der Schweiz identifizieren konnte. «Er war ein Schweizer wider Willen», meint Ruch. Béguelins kulturelle Heimat war

Roland Béguelin: *Tramelan (BE) 12.11.1921, †Delémont (JU) 13.9.1993, Politiker, Journalist. Verheiratet mit Marie-Louise Montandon, zwei Töchter; zweite Ehe mit Denise Schmid.

«Frankreich und die französische Sprache», wie er selber sagte. Als Jugendlicher hatte er gar mit der rechtsradikalen «Action française» sympathisiert. Auch im hohen Alter hätte Béguelin laut eigenen Aussagen keine Probleme mit der Loslösung des Juras hin zu Frankreich gehabt. 1987 provozierte er abermals mit der Forderung des Austritts des Juras aus der Eidgenossenschaft.

Trotzdem habe der «zukunftsgerichtete Idealist», wie Comte findet, «der schwerfälligen Schweiz einen grossen Dienst erwiesen, indem er ihr ein neues Gleichgewicht verschaffte.» 1993, im Jahre 15 des Kantons Jura, erlag der unermüdliche Kämpfer einem Krebsleiden.

Pascal Unternährer

Zum Weiterlesen

Roland Béguelin, Jean-Claude Crevoisier: Die Jurafrage im Jahr 1980. Rassemblement jurassien, Delémont 1980.

Claude Froidevaux: Roland Béguelin ou la conscience du Jura. Favre, Lausanne 1977.

Vincent Philippe: Republik Jura. Der 23. Kanton der Schweiz. Verlag Huber, Frauenfeld 1978.

Die Müllers

Die Müllers haben 1980 mit ihrem Auftritt im «CH-Magazin» Fernsehgeschichte geschrieben. Und die Nation verärgert.

Emilie Lieberherr war ausser sich: «Herr Kriesemer, wenn Sie jetzt nicht Herr der Lage wärded, dänn lauf ich Ihne dervo!» Was brachte die Zürcher Stadträtin an diesem 15. Juli 1980 so in Rage?

Schuld waren «Herr und Frau Müller». Die beiden sassen für die Zürcher Jugendbewegung in der «CH-Magazin»-Diskussionsrunde des Schweizer Fernsehens. Mit von der Partie waren an diesem Abend neben Lieberherr und Moderator Jan Kriesemer Stadtrat Hans Frick, der Zürcher Polizeichef Rolf Bertschi sowie der Präsident der Stadtzürcher SP, Leonhard Fünfschilling. Debattiert werden sollte über die Jugendunruhen, die mit dem «Opernhauskrawall» Ende Mai 1980 begonnen hatten. Konkreter Anlass war die gewaltsame Auflösung einer Kundgebung durch die Polizei. Deren Einsatz hatte einmal mehr dafür gesorgt, dass eine friedliche Demonstration zur Strassenschlacht ausartete.

Die Rollen schienen klar: Lieberherr, Frick und Bertschi hatten den Einsatz der Polizei zu rechtfertigen. Die Müllers, sekundiert von Fünfschilling, sollten die «Bewegung» vertreten. Doch es kam anders. Die Müllers, bürgerlich-adrett gekleidet, sprachen sich für ein härteres Vorgehen der Polizei aus. Herr Müller etwa verlangte den Einsatz grösserer Gummigeschosse: «Jetzt müend Sie alli genau luege, mit was für Sache s'chömed (packt Gummipatrone aus): Mit senige Gummipatrönli chamer doch nid so militanti Lüt welle go vertriibe.» Wenn schon, müssten grössere Geschosse wie etwa in Irland eingesetzt werden. Frau Müller kritisierte die Tränengaseinsätze, die viel zu wenig massiv gewesen seien. Herr Müller legte noch einen Zacken zu und verlangte den Einsatz der Armee: «Was mier hüt bruched, isch d'Armee.

Ohni d'Armee chömed mer mit dere Jugendbewegig nüme z'Schlag, und dänn stat morn d'Revoluzzion vor de Tür, und dänn hämer de Dräck!»

Die ironische Gesprächsstrategie der Müllers, die konsequent die Position der Gegenseite einnahmen, löste in der Runde Verwirrung aus. Frick und Bertschi blickten betreten. Lieberherr protestierte. Kriesemer war überfordert. Und die Müllers konnten weitgehend unwidersprochen ihre Kritik anbringen.

Der Fernsehgemeinde ging das Schauspiel zu weit. Nach der Sendung hagelte es Proteste. Frick und Bertschi «enttarnten» die Müllers und gaben ihre richtigen Namen bekannt. Worauf diese mit Schmähungen und Drohungen eingedeckt wurden. Die Presse blies zum grossen Halali auf die Müllers und das Schweizer Fernsehen. Allen voran der «Blick» mit der Schlagzeile: «Neue Riesen-Blamage am TV: Frau j'Amal Aldin schockte die Schweiz.»

Für die beiden jungen «Bewegten» hatte der Auftritt schwerwiegende Konsequenzen: Frau Müller (alias Jamal Aldin Hayat) kämpft seither mit psychischen Problemen. Herr Müller (alias Fredy Meier) wurde von der Polizei gepiesackt, zum Hauptangeklagten der Bewegung aufgebaut und zu insgesamt 17 Monaten Gefängnis verurteilt.

Dabei haben die Müllers «d'Bewegig» gut vertreten: «Die 80er-Bewegung war in erster Linie ein kultureller Protest. Ironisch und kreativ kritisch», analysiert der Historiker Jan Vonder Mühll, «aber mit wenig konkreten Inhalten, die über die Forderung nach einem autonomen Jugendzentrum hinausgingen.» Anders als die 68er wollten die 80er den Staat nicht umkrempeln, sondern höchstens zu «Gurkensalat» machen. Sie verlangten «Freiraum», um die eigenen Ideen ver-

Anna Müller (Jamal Aldin Hayat) und Hans Müller (Fredy Meier), am 15.7.1980 in der Sendung CH-Magazin des Schweizer Fernsehens.

wirklichen zu können. Und anders als die 68er, die durch die Institutionen marschiert sind und Karriere gemacht haben, sind die 80er noch unversöhnt und verbittert, wie Vonder Mühll festgestellt hat. Das gilt auch für Fredy Meier. Er will nur noch «für viel Kohle» über damals reden.

Thomas Gull

Zum Weiterlesen und -schauen

Hanspeter Kriesi: Die Zürcher Bewegung. Campus Verlag, Frankfurt am Main, 1984.

Reto Hänny: Zürich im September. Suhrkamp Verlag, Frankfurt am Main, 1981.

Video: Züri brännt, videoladen Zürich.

Der Radiopirat

*Der Medienpionier **Roger Schawinski** hat mit Radio 24 das SRG-Monopol gebrochen und mit Tele 24 das erste nationale Privatfernsehen lanciert.*

«Roschee, Roschee, Roschee!», die Radio-24-Fans waren aus dem Häuschen, als ihr Idol die Bühne betrat. Das war am 26. Januar 1980 auf dem Bürkliplatz in Zürich. Roger Schawinski hatte nach der Schliessung seines Senders auf dem Pizzo Groppera zu einer Protestdemonstration aufgerufen – 5000 kamen. Bereits im Dezember 1979 waren Tausende nach Bern gepilgert, um bei der Übergabe der Petition «für eine freies Radio in der Schweiz» an den Bundesrat dabeizusein. Die 212 000 Unterschriften waren in nur fünf Tagen zusammengekommen.

Schawinski hatte mit seinem illegalen Radio eine nationale Hysterie ausgelöst. Der 34-Jährige wurde zur Symbolfigur einer Jugend, der die Altvorderen alles verbieten wollten, was Spass machte. Er sei sich vorgekommen wie einer, «der unter der Dusche zu singen beginnt – und plötzlich ist er Mick Jagger», erinnert sich Schawinski.

Der Kult um sein Radio und seine Person war ihm jedoch eher unangenehm: «Die Sympathiebekundungen haben uns zwar gut getan, denn wir waren in unserem Studio in Como sehr isoliert. Gleichzeitig fürchtete ich aber auch, das Ganze könnte ausser Kontrolle geraten, was dann mir angelastet worden wäre.»

Trotz der Euphorie war sein Radio 24 ein Tanz am Abgrund: «Jedes Mal, wenn das Telefon läutete, habe ich gedacht: Jetzt wird der Sender geschlossen.» Das geschah mehrmals. Es gelang aber immer, das Radio wieder in den Äther zu bringen. Nach vier Jahren war der Bundesrat weichgeklopft. Radio 24 erhielt als erstes Schweizer Lokalradio eine Sendekonzession und zog nach Zürich. Schawinski mutierte vom «Radiopiraten» und «Wellenmessias» zum smarten Medienunternehmer und Millionär. Zwischenzeitlich versuchte er sich sogar – allerdings erfolglos – als Produzent in der Filmbranche.

Bereits vor Radio 24 profilierte sich der studierte Ökonom als cleverer Macher: zuerst mit dem von ihm konzipierten Kassensturz. Und 1977 machte er als Chefredaktor aus der Migros-Tageszeitung «Tat» eine Boulevardzeitung mit Biss – bis zu seinem Rausschmiss ein Jahr später.

"Let's do it", sagt Schawinski am Anfang unseres Interviews: Kopf voran ins Abenteuer, nach seinem Lebensmotto: "You can get it if you really want." Der eitle Charismatiker hat dabei scheinbar unersättlichen Appetit auf neue Herausforderungen: 1994 startete er mit Tele Züri das erste Schweizer Regionalfernsehen. Vier Jahre später setzte er mit Tele 24 noch einen drauf. «Ich wollte nationales Fernsehen machen und ich wollte der Erste sein», erzählt Schawinski ganz ohne falsche Bescheidenheit.

Die hat er auch nicht nötig. «Schawinski hat Mediengeschichte geschrieben», konstatiert der Berner Publizistikprofessor Roger Blum. «Etwas selbstverliebt zwar, etwas zu fixiert auf den jeweiligen Konkurrenten und Gegner – mal der Bundesrat, mal die SRG, mal die Tages-Anzeiger Media AG –, doch er hat immer wieder Neuland betreten und Marksteine gesetzt.» Schawinskis Vorprellen habe die Deregulierung der elektronischen Medien beschleunigt, meint Blum. «Ob das Ganze ein Segen war und ob dabei nur Qualität herausgekommen ist, ist eine andere Frage.»

Gefürchtet ist Schawinski nach wie vor als Interviewer in seinem TalkTäglich auf Tele 24: Je nach Laune – und Ge-

Roger Schawinski: *Zürich 11.6.1945. Ökonom, Journalist, Medienunternehmer (Radio und Tele 24, Tele Züri). In dritter Ehe verheiratet mit Gabriella Sontheim, eine Tochter, Lea Hannah. Ein Sohn Kevin und eine Tochter Joelle aus zweiter Ehe mit Ina Guiton. Erste Ehe mit Priscilla Colon.

schlecht – umgarnt er die Gäste mit seinem Charme, oder er nimmt sie auseinander. Dreht einmal einer den Spiess um, verträgt der Platzhirsch das nicht besonders gut.

Selbst in Bedrängnis war der gewiefte Interviewer in den ersten Monaten von Tele 24 : «Kräftemässig und auch finanziell bin ich an meine Grenzen gestossen», gesteht er.

Nun, selbst diese Geschichte hat ein Happy-End: Mit der Credit Suisse hat er einen potenten Partner gefunden. You can get it if you really want. But you must try.

Thomas Gull

Zum Weiterlesen

Roy Spring: Einer gegen Alle. Das andere Gesicht des Roger Schawinski. Weltwoche-ABC-Verlag, Zürich 1999.

Der Uhrenkönig

__Nicolas G. Hayek__ hat die Schweizer Uhrenindustrie saniert und inszeniert sich gerne als Wirtschafts-Guru, der weiss, wo's langgeht.

Ende der siebziger Jahre ist die Schweizer Uhrenindustrie auf Talfahrt. Ihr Anteil an der weltweiten Uhrenproduktion sinkt innert weniger Jahre von 43 auf unter 15 Prozent. Hongkong und Japan verdrängten die Schweizer Uhrmacher vom ersten auf den dritten Platz der Weltrangliste. Die Zahl der Arbeitsplätze bricht von 90 000 auf 40 000 ein. Der Kollaps der traditionsreichen Industrie stürzt ihre Stammlande im Jurabogen in eine Krise.

Die stolzen und satten Schweizer Uhrmacher hatten den Anschluss verpasst. Die Asiaten überschwemmten den Markt mit billigen Quarzuhren, während die Schweizer immer noch auf teure mechanische Zeitmesser setzten.

Wollten sie die Krise überwinden, mussten die hiesigen Uhrmacher versuchen, ebenfalls hochwertige und billige Uhren herzustellen. Und es galt, die Industrie organisatorisch zu sanieren. Das war die Stunde der Manager Ernst Thomke und Nicolas G. Hayek. Thomke und seine Mitarbeiter machten sich daran, neue, zeitgemässe Uhren zu entwickeln. Hayek sanierte als Unternehmensberater im Auftrag der Banken zwischen 1981 und 1983 die beiden maroden Uhrenkonzerne ASUAG und SSIH und fusionierte sie 1983 zur SMH (Schweizerische Gesellschaft für Mikroelektronik und Uhrenindustrie AG). 1985 übernahm er dann zusammen mit einer Investorengruppe die Aktienmehrheit.

Wer ist nun der Vater der Swatch? Der Wirtschaftsjournalist Res Strehle sieht das so: «Thomke war für die technische Umsetzung verantwortlich, Hayek hat die Uhr vermarktet.» Entwickelt wurde die Swatch von den beiden jungen Ingenieuren Elmar Mock und Jacques Müller. Es gelang, eine Quarzuhr aus Plastik zu bauen, die robust, wasserdicht und zuverlässig war und am Fliessband produziert werden konnte. Hayek verpasste der Billiguhr das Image eines poppigtrendigen und unverzichtbaren Modeaccessoires. Die Mischung aus technischer Innovation und geschicktem Marketing hat aus der Swatch einen Welterfolg gemacht. Heute geniesst sie bereits Kultstatus.

Und Hayeks Swatch-Group ist mit über 3 Milliarden Franken Umsatz die Nummer eins im globalen Geschäft der Zeitmacher. Zu Hayeks Uhrenimperium gehören neben der Swatch klingende Marken wie Blancpain, Omega, Rado, Longines oder Tissot.

Mit dem Siegeszug der Swatch nahm das Leben des gebürtigen Libanesen Hayek eine neue Wendung. Zuvor hatte er in Frankreich Naturwissenschaften studiert, war in die Schweiz gezogen und hatte hier geheiratet. Danach musste er zuerst im Betrieb des Schwiegervaters und später als selbständiger Unternehmensberater um Anerkennung kämpfen.

Die Sanierung der Uhrenindustrie und die Lancierung der Weltmarke Swatch haben Hayek zu einem der angesehensten Unternehmer der Schweiz gemacht. Vom Gros der Sanierer unterscheide ihn die Fähigkeit, «strategische Visionen zu entwickeln», meint Strehle, «Kosten runterfahren können viele. Zukunftsperspektiven aufzuzeigen ist viel schwieriger.»

Hayek, obwohl bereits über siebzig, denkt nicht daran, sich auf den Lorbeeren auszuruhen. Immer wieder bricht er zu neuen Ufern auf. Nicht immer mit Erfolg, wie das Scheitern der hochfliegenden Pläne mit dem Smart-Mobil illustriert. Das Auto ist heute zwar auf dem Markt, jedoch nicht mit einem Hybrid-Motor (Kombination von Verbrennungsmotor

Nicolas G. Hayek: *Beirut (Libanon) 19.2.1928. Unternehmensberater und Unternehmer. Verheiratet mit Marianne Mezger, eine Tochter Nayla, ein Sohn George Nicolas.

und Elektroantrieb), wie es Hayek gerne gehabt hätte. Und der Uhrenkönig hat beim Smart nichts mehr zu sagen, seit die Swatch-Group ihre Beteiligung verkauft hat.

Solche Niederlagen fechten den Exzentriker indes kaum an. Als geborener Verkäufer seiner selbst ist er jeweils schnell wieder obenauf. Gerne umgibt er sich mit Stars und Sternchen, die für seine Uhren werben. Oder gebärdet sich als Wirtschafts-Guru, der in seitenlangen Zeitungsinterviews oder bei öffentlichen Auftritten Zigarre rauchend doziert, wer was falsch macht und wie alles besser gemacht werden könnte. So ist er halt.

Thomas Gull

Zum Weiterlesen

Berndt Schulz: Swatch oder die Erfolgsgeschichte des Nicolas Hayek. Dirk Lehrach Verlag, Düsseldorf 1999.

Der Volksschauspieler

Ruedi Walter war unbestritten der beliebteste Schauspieler der Schweiz. Viele halten ihn auch für den besten.

«Ein Volksschauspieler zu sein ist eine grosse Ehre für mich. Das bedeutet mir wahnsinnig viel», sagte Ruedi Walter in einem Interview kurz vor seinem Tod. «Ein Volksschauspieler ist ein Schauspieler, der dem Volk gehört. Einer, den das Volk akzeptiert als einen der Ihren.»

Fast wäre es nie soweit gekommen. Nur zögerlich wandte sich der junge Kaufmann Walter, der zunächst beim Teegrossisten Twining, dann bei Maggi arbeitete, der Schauspielerei zu, um dann umso mehr in ihr aufzugehen. Während den Kriegsjahren trat er zum ersten Mal auf die Bühnenbretter: im Basler Stadttheater, bei der Soldatenbühne «Bärentatze» und im «Cabaret Kaktus».

Nach dem Krieg schloss sich Walter dem «Cabaret Cornichon» an. Die antifaschistische Kleinbühne hatte ihre besten Zeiten aber bereits hinter sich. Die Stücke, die er dort spielte, gerieten rasch in Vergessenheit, dafür machte Walter eine Bekanntschaft fürs Leben: Margrit Rainer. Nach zwei Jahren «Cornichon» machten sich die beiden selbstständig, um darauf während Jahrzehnten gemeinsam aufzutreten.

Walter und Rainer machten auch Radio. «Spalebärg 77a. Bis Ehrsams zum schwarze Kaffi», hiess es ab 1955 jeden dritten Samstag nach den 13-Uhr-Nachrichten auf Radio Beromünster. Die satirische Sendung wurde über viele Jahre zum Strassenfeger. Die meisten Dialoge verfasste Walter selber.

Daneben spielte er in etlichen Schweizer Filmen und Fernsehproduktionen. Seine bevorzugte Arena blieb aber die Theaterbühne. Rund 500 Figuren verkörperte der Schauspieler. Walter überzeugte in jeder Rolle, ob als «Bäuerlein Heiri» in der «Kleinen Niederdorf-Oper» oder als «Estragon» in «Warte uf de Godot», Urs Widmers Mundartfassung des

Klassikers von Samuel Beckett. Noch in seinem Todesjahr stand Walter auf der Bühne («Drei Männer im Schnee») und vor der Kamera («Bingo»). Dies, obwohl sein Augenlicht in den letzten Jahren stark nachgelassen hatte. Am Schluss spielte er fast blind.

Im Theater, im Kino oder in der Stube vor dem Fernseher: Der Name Ruedi Walter war Garant für einen gelungenen Abend. Am besten war Walter aber zweifellos auf der Bühne, wenn er das Publikum spüren konnte. «Walter war ein grosser Komiker, besass darüber hinaus aber auch das gewisse Etwas, das man nicht lernen kann», sagt Urs Widmer. «Wenn Walter auf die Bühne trat, nahm er sie gleich ganz und gar in Besitz. Er hatte eine Aura, schien dem Publikum zum Berühren nah.»

Walter war ein Perfektionist. Bereits bei der ersten Probe kannte er seine Texte tadellos auswendig. Über das Schauspielern sagte Walter: «Es muss gefühlt, empfunden werden, von innen herauskommen.»

1984 verlieh die Schweizerische Gesellschaft für Theaterkultur Walter den Hans-Reinhart-Ring: eine späte Anerkennung für den Volksschauspieler, den auch die Liebhaber des hohen Theaters schätzten. Aber auch eine Anerkennung für das Mundarttheater. Walter konnte zeigen, dass grosse Schauspielkunst auch in der Dialektform möglich ist.

Walter war sich aber weder vor- noch nachher zu schade, in volkstümlichen Schwänken und Kabarettnummern mitzutun. Diese Stücke waren es schliesslich, die den Basler zum Liebling des breiten Publikums machten.

Auf die Frage eines Journalisten, ob diese Verehrung nicht auch unangenehme Seiten habe, antwortete Walter in seiner ihm eigenen, direkten Art: «Sie meinen das Angequatscht-

Ruedi Walter: *Solothurn 10.12.1916, †Basel 16.6.1990. Schauspieler, Kabarettist. Verheiratet mit Irène Canarius, zwei Kinder: Nicole und Dominic.

Werden? Denken Sie doch: Ein Volksschauspieler, der sich nicht anreden lässt von den Leuten – das wäre ja ein blasierter Siech.»

Patrick Kupper

Zum Weiterlesen

Ernst Reinhardt (Hg.): Ruedi Walter. Spuren eines Schauspielerlebens. Friedrich Reinhardt Verlag, Basel 1985.

Die Bundesrätin

Elisabeth Kopp wurde als erste Frau in den Bundesrat gewählt. Ein Telefongespräch führte zu ihrem Rücktritt.

«Erster Platz für die erste Frau» titelte die «Schweizer Illustrierte» 1985, ein Jahr nach der Wahl von Elisabeth Kopp in den Bundesrat. Und dabei blieb es in den folgenden Jahren: Bei sämtlichen Umfragen schwang Kopp als beliebteste Magistratin obenaus.

Dann kam jener verhängnisvolle Herbst 1988. Das Ehepaar Kopp geriet immer stärker in die Schusslinie der Kritik, schliesslich trat die Bundesrätin zurück. Aus der beliebten Politikerin wurde binnen Wochen eine öffentlich geächtete Person.

Blenden wir zurück. 2. Oktober 1984: Die Vereinigte Bundesversammlung wählt mit der Freisinnigen Elisabeth Kopp erstmals eine Frau in den Bundesrat. Noch ein Jahr zuvor war die SP-Kandidatin Lilian Uchtenhagen an der bürgerlichen Parlamentsmehrheit gescheitert. «Dass 13 Jahre nach Einführung des Frauenstimmrechts eine Frau die Wahl in den Bundesrat schaffte, war für mich das Wichtigste», sagt die Altbundesrätin heute.

Die Begeisterung in der Schweiz ist gross, die Erwartungen ebenfalls. Die Hoffnungsträgerin setzt sich aber auch selber unter Druck: «Ich wollte den Beweis erbringen, dass Frauen mindestens so gute Bundesräte sein können wie Männer.» Kommentatoren und Mitarbeiter loben ihre Amtsführung als entschlussfreudig, kompetent und umsichtig.

12. Dezember 1988: Elisabeth Kopp gibt ihren Rücktritt aus dem Bundesrat bekannt. Sie hatte ihren Gatten telefonisch gebeten, aus dem Verwaltungsrat der Shakarchi Trading AG auszutreten, da die Firma Gerüchten zufolge in Geldwäscherei verwickelt sei. Weniger das Telefonat, als das Ver-

schweigen desselben, wird später zum Hauptvorwurf an Kopp. «Indem die Bundesrätin zu spät zugab, was nicht mehr zu verbergen war, verlor sie ihre politische Glaubwürdigkeit», urteilt der Historiker Urs Altermatt im Bundesräte-Lexikon. Auch heute ist er noch überzeugt, Kopps Entscheidung zum Rücktritt sei richtig gewesen. Kopp glaubt: «Ich hätte im Amt bleiben können, wenn die FDP mich nicht hätte fallen lassen.»

Aus zehnjähriger Distanz mutet die damalige Aufregung reichlich seltsam an. Bei der Affäre ging es offensichtlich noch um ganz andere Dinge. «Frau Kopp war als erste Bundesrätin eine Symbolfigur. An einer Symbolfigur zu rütteln war natürlich besonders interessant, sowohl für diejenigen, die Angst hatten, die FDP würde dank Kopps Popularität zu stark werden, als auch für all jene, die glaubten, eine Frau habe nichts im Bundesrat verloren», analysiert Politexperte Iwan Rickenbacher. Vermutlich hätte die Geschichte einen ganz anderen Verlauf genommen, wäre Kopp ein Mann gewesen.

Auch andere Fragen bleiben offen: War Kopp das Opfer des neuen Bedrohungsbildes «Organisiertes Verbrechen», das an die Stelle des Kommunismus trat? Zielte man auf Kopp, meinte aber ihren Ehemann, die FDP oder den Zürcher Wirtschaftsfreisinn? Welche Rolle spielten die Massenmedien?

Zumikon, Mai 1999: Elisabeth Kopp freut sich über die Wahl von Ruth Metzler in den Bundesrat. «Sie ist die erste Frau, die ohne Nebengeräusche gewählt worden ist. Das ist ein grosser Schritt vorwärts.»

Kopp hat schwierige Jahre hinter sich. Während andere Altbundesräte mit Angeboten überhäuft wurden, machte man einen weiten Bogen um sie. Seit einem halben Jahr ist Kopp nun Rentnerin. Doch für sie bedeutet dies nicht Ruhestand.

Elisabeth Kopp, geb. Iklé: *Zürich 16.12.1936. Juristin, erste Bundesrätin. Verheiratet mit Hans W. Kopp, eine Tochter: Brigitt.

«Ich würde sehr gerne eine Aufgabe übernehmen, bei der ich meine Erfahrung einbringen kann», sagt sie.

Patrick Kupper

Zum Weiterlesen

Urs Altermatt: Elisabeth Kopp. In: Urs Altermatt (Hg.): Die Schweizer Bundesräte. Ein biografisches Lexikon. Artemis & Winkler Verlag, Zürich 1991, S. 595–600.

Catherine Duttweiler: Kopp & Kopp. Aufstieg und Fall der ersten Bundesrätin. Weltwoche-ABC-Verlag, Zürich 1990.

Elisabeth Kopp: Briefe. Benteli-Verlag, Bern 1991.

Der Raumfahrer

*Der Astronaut **Claude Nicollier** hat als erster und einziger Schweizer unseren Planeten vom Weltall aus gesehen.*

«Bonjour, Claude Nicollier, c'est Adolf Ogi. Grüess Gott. Freude herrscht!» Diese Worte liess der Bundesrat am 7. August 1992 dem Schweizer Astronauten per Spezialschaltung ins All senden. «Freude herrscht immer noch», sagt Nicollier heute. Er erinnert sich gerne an die starken Momente während seiner bislang vier Flüge in den Weltraum. Sehr intensiv erlebte er die Annäherung an das Weltraumteleskop «Hubble» bei seinem zweiten Einsatz Ende 1993. Nicollier dirigierte erfolgreich den Roboterarm, der das Teleskop erfasste, um es zu reparieren. Damit rettete er den damals angeschlagenen Ruf der US-Raumfahrtbehörde NASA.

Der Weg bis dahin war lang und beschwerlich. Vom Zeitpunkt an, als der studierte Astrophysiker seine Dissertation sausen liess, um Astronaut zu werden, bis zum ersten Raumflug vergingen 16 Jahre. 1976 wurde Nicollier bei der europäischen Weltraumorganisation ESA angestellt, an der auch die Schweiz beteiligt ist. Vier Jahre später schickte ihn die ESA zwecks Weiterbildung zur NASA nach Houston, wo er noch immer lebt.

Dort war Claude Nicollier der erste Europäer, der sowohl als wissenschaftlicher Spezialist wie auch bei Bedarf als Weltraumpilot eingesetzt werden konnte. Heute ist er der Chef der ESA-Astronautengruppe und gilt als einer der bestausgebildeten und mit rund 1000 Stunden im All erfahrensten Astronauten überhaupt.

Sein erster Flug war auf Mitte 1986 geplant, doch die Explosion der Challenger-Raumfähre im Januar desselben Jahres warf das NASA-Programm um Jahre zurück. Für Nicollier fing das lange und, wie er sagt, «aktive Warten» an. Seine «Boden»-Arbeit bestand aus wissenschaftlichen Forschungsarbeiten. Er entwickelte etwa den Roboterarm des Space Shuttles mit. Vor geplanten Flügen kam ein umfassendes Training, etwa an Simulatoren, dazu.

«Claude Nicollier zeichnet sich durch eine ausserordentliche Willensstärke und grosse Geduld aus, ich habe ihn nie nervös erlebt», sagt der Zürcher Journalist Peter Klein, der seit 30 Jahren über Raumfahrtthemen berichtet. «Er hat sich zielstrebig seinen Bubentraum erfüllt.» Während der Freistunden im All betrachtet Nicollier lieber die Erde statt zu schlafen. Die kindliche Faszination hat er nie abgelegt.

Auf seinen Raumflügen hat der Hobby-Alphornbläser in seiner persönlichen Effektentasche stets Schokolade und Müesli aus heimischer Produktion dabei. Auch die Schweizer Fahne darf nie fehlen. Die Anteilnahme der Landsleute an seinen Raumreisen freut Nicollier sehr. Der ehemalige Linien- und aktive Militärpilot wünschte sich, dass die Schweizer vermehrt bereit wären, «Risiken einzugehen und auf internationaler Ebene zusammenzuarbeiten. Die Zukunft gehört dem langfristigen, globalen Denken statt dem kurzfristig-lokalen.»

Seine Erfahrungen gibt Nicollier auf zahlreichen Vortragsreisen weiter, wo er für die Sache der bemannten Raumfahrt wirbt. Den Jungen, die Astronauten werden wollen, rät er, hartnäckig ihre Träume zu verwirklichen. «Er ist ein grossartiger Erzähler, kann mit seiner Ausstrahlung die Leute in den Bann ziehen. Anhand einfacher Skizzen erklärt er die kompliziertesten Sachverhalte», sagt Klein.

Nicollier, der ausserirdisches Leben für wahrscheinlich hält, sieht als erste Priorität des 21. Jahrhunderts «die Reinigung des Planeten Erde». Der Technikbegeisterte war sehr beeindruckt, als er erstmals das Ozonloch mit blossem Auge sah. Allerdings steuern gerade auch die Raketenstarts ihren An-

Claude Nicollier: *Vevey (VD) 2.9.1944, Astronaut. Verheiratet mit Susana Perez, zwei Töchter: Maya und Marina.

teil an der Zerstörung der Ozonschicht bei. Was für Perspektiven sieht Nicollier für die Raumfahrt? «Ich kann mir gut vorstellen, dass die Leute in 100 Jahren ihre Ferien auf dem Mond verbringen.»

Sein letzter grosser Wunsch, ein sogenannter «Weltraumspaziergang», erfüllte sich im Dezember 1999, als es zu einem Wiedersehen mit dem inzwischen ausgefallenen Hubble kam. Nicollier stieg als erster Nichtamerikaner für die heikle Instandstellung des Gerätes in 600 km Höhe aus dem Space Shuttle aus und rettete zusammen mit seinen Kollegen das zwei Milliarden teure Teleskop für die Wissenschaft.

Pascal Unternährer

Zum Weiterlesen und -schauen

Jean-Bernard Desfayes, Robert Lippuner: Nicollier. Der erste Schweizer im All. Werd-Verlag, Zürich 1994.

Michael Esser: Der Griff nach den Sternen. Eine Geschichte der Raumfahrt. Birkhäuser, Basel 1999.

Claude Nicollier: Raummission STS-61 «Endavour» mit Claude Nicollier 2.–13.12.1993. MCM Media Commerce & Marketing, Mellingen 1994 (Videoaufzeichnung VHS, 125 Minuten).

Das Tennis-Ass

*Martina Hingis stand schon im Alter von 16 Jahren
an der Spitze des Frauen-Welttennis.
Sie hat dem Sport in einer schwierigen Phase
positive Impulse gegeben.*

Mitte der neunziger Jahre drohte das Frauentennis in eine
Krise zu geraten. Das grosse Duell Martina Navratilova gegen
Chris Evert war Vergangenheit. Steffi Graf dominierte die
Courts, war aber oft verletzt. Monica Seles zog sich nach
einem Attentat zurück. Diese Lücke schloss Martina Hingis
und läutete die Ablösung der alten Garde durch eine neue
Generation von Spielerinnen ein.

Der Sprung auf den Tennisolymp war von langer Hand vor-
bereitet. Schon im Alter von zwei Jahren steht die nach Navratilova benannte Martina im slowakischen Kosice auf dem
Tennisplatz. Die Eltern, selber Tennisspieler, erkennen bald
ihr aussergewöhnliches Bewegungstalent. In der Folge widmet sich Mutter Melanie voll und ganz der Sportkarriere
ihrer Tochter.

Das Training ist zielgerichtet und jeder Schritt in Martinas
Laufbahn sorgfältig geplant. Dabei achtet die ehrgeizige
Coachmutter aber immer darauf, dass dem Kind die Spielfreude nicht abhanden kommt. So traktiert die kleine Martina Hingisova die Tennisbälle höchstens anderthalb Stunden täglich.

Die Übersiedlung ins sanktgallische Trübbach tut den Fort-
schritten der Siebenjährigen keinen Abbruch. In ihrer neuen
Heimat misst sie sich erfolgreich mit meist älteren Konkurrentinnen.

Der Aufstieg in die Weltelite nimmt seinen rasanten Lauf. Mit
zwölf Jahren gewinnt sie das French Open der Juniorinnen,
ein Jahr später holt sie dazu den Titel in Wimbledon. Die
Fachwelt reibt sich die Augen ob der Unbeschwertheit und
Spielfreude des schmächtigen Mädchens. Sie gewinnt ihre

Matches mit Spielwitz und Präzision und nicht mit der Kraft und Athletik, die im heutigen Tennis dominieren. Auf Martina Hingis hätten alle Turnierdirektoren gewartet, schreibt der «Spiegel» 1994.

Nach dem Wechsel ins Profilager steigt sie in Windeseile in der WTA-Liste vom 399. auf den 15. Rang auf. Dies, obwohl sie trainingsfaul ist. Hingis selbst sagte einmal in einem Interview: «Der Kampfgeist ist bei mir zwar auf dem Platz schon da, aber der Wille, alles dafür zu geben, damit ich die Nr. 1 bin, der steckt in mir nicht.» Im selben Jahr ist sie – im Doppel mit Helena Sukova – die jüngste Wimbledon-Siegerin aller Zeiten und gewinnt in Filderstadt ihren ersten Profi-Einzeltitel.

Der Ex-Tennisprofi Heinz Günthardt rühmte schon damals ihr Stellungsspiel. Da bei Martina alles «instinktmässig» ablaufe, müsse sie nicht erst überlegen, wo sie sich auf dem Platz positionieren solle. Auch sei das Spiel der Rechtshänderin sehr variantenreich, mit ihren 16 Jahren wirke sie schon äusserst erfahren.

1997 wird Martina Hingis' Jahr. Im Januar gewinnt sie ihren ersten Grand-Slam-Einzeltitel in Melbourne, drei Monate später ist sie die Nr. 1 des wichtigsten Frauen-Profisports. Es folgen die Siege in Wimbledon und am US-Open.

Heute ist Hingis die prominenteste Sportlerin der Welt. In der Öffentlichkeit gilt sie als arrogant. Für ihre Unmutsäusserungen am Ende des Finals von Paris 1999 gegen Graf erntete sie gar massiv Buhrufe aus den Zuschauerrängen. «Martina Hingis kommt trotz anderslautenden Medienberichten in der ganzen Welt gut an», sagt jedoch der Tennisexperte René Stauffer. «Sie geniesst aber auch unter ihren Konkurrentinnen einen guten Ruf, weil sie mit allen redet. Ausserdem wissen die Leute, dass es auch ihr zu verdanken ist, dass

Martina Hingis: *Kosice (CSSR, heute Slowakei) 30.9.1980, Tennisspielerin.

das Frauentennis heute gar populärer ist als jenes der Männer.»

Sportlich gesehen ist für Stauffer nun die grosse Frage, ob Hingis' aktuelle Hauptkontrahendinnen Lindsay Davenport und die Williams-Schwestern Venus und Serena konstant gut spielen können, um Hingis von der Spitze zu verdrängen. «Denn Martina hat jüngst kraft- und konditionsmässig aufgeholt, besitzt weiterhin die grössten Allround-Qualitäten und fühlt sich auf allen Belägen wohl.»

Das Tennis hat Hingis zur reichen Frau gemacht. Laut dem Wirtschaftsmagazin «Forbes» ist sie dank der gut dotierten Werbeverträge gar die weltweit bestverdienende Athletin. Trotzdem ist in der Schweiz ein Tennis-Boom ausgeblieben. Laut Stauffer gab es dennoch einen Effekt: «Die Nachwuchsspielerinnen glauben mehr an sich und bewegen sich dadurch auf einem höheren Niveau als noch vor wenigen Jahren.»

Pascal Unternährer

Zum Weiterlesen

Etienne Barilier: «Martina Hingis ou la beauté du jeu.» Editions Zoé, Genève 1997.

Heiner Gillmeister: Kulturgeschichte des Tennis. Fretz-Verlag, Zürich 1990.

Der Börsenhai

*An **Martin Ebner** scheiden sich die Geister.
Für die einen ist er der Erneuerer des Finanzplatzes
Schweiz. Für die anderen ist er ein
rücksichtsloser Spekulant.*

Andere Menschen träumen als Kind davon, Pilotin zu werden oder Lokomotivführer. Nicht so Martin Ebner. Sein Kindheitstraum lag im monetären Bereich: «Ich will einmal Millionär werden», vertraute er als Teenager einem Klassenkameraden an.

Schnurgerade setzte Ebner seinen Traum in die Wirklichkeit um. Nach dem Studium der Rechte machte er sich in den USA mit den neuesten Methoden der Finanzanalyse vertraut und gründete 1985, fast ohne Eigenkapital, eine eigene Bank: die BZ Bank Zürich AG.

Anfänglich belächelten die etablierten Konkurrenten den Newcomer. Doch schon bald mussten sie erschreckt mit ansehen, wie die BZ Bank zur führenden Kraft an der Zürcher Börse wurde. Allein schon Ebners persönliche Präsenz am Ring sorgte dafür, dass die Kurse in die Höhe schnellten.

Als einer der Ersten in der Schweiz setzte der BZ-Chef auf das Geschäft mit Derivaten. Derivate sind eine hochriskante Anlagestrategie, bei der der Anleger eine Wette auf die Kursentwicklung einer Aktie abschliesst. Entwickelt sich der Kurs wie erwartet, ist der Gewinn enorm. Wenn nicht, drohen riesige Verluste.

Kasinokapitalismus nennen das Ebners Gegner und monieren, dass Ebner häufig im Graubereich des Börsenrechtes geschäftet. «Ebner hat zwar keine illegalen Sachen gemacht, aber er ging des Öfteren bis an die Grenzen des Erlaubten», meint der Finanzjournalist Jörg Becher. «Wenn die Schweiz schärfere Börsengesetze gehabt hätte, wie zum Beispiel die USA, wären viele Geschäfte der BZ Bank nicht möglich gewesen.»

An Martin Ebner scheiden sich die Geister. Während der Mann mit der Fliege von den einen als Finanzpionier gefeiert wird, sehen die andern in ihm den Börsenhai und Spekulanten, der nur an kurzfristigen Gewinnen interessiert ist und gemeinsam mit seinem Studienfreund Christoph Blocher die Demontage des Sozialstaates vorantreibe. Der Gewerkschaftspräsident Paul Rechsteiner etwa bezeichnet Ebner als Vorreiter im Klassenkampf von oben, bei dem die Armen immer ärmer und die Reichen immer reicher würden.

Ebner selbst sieht das natürlich nicht so. Er findet, dass in der Schweiz nach wie vor der Anreiz fehle, um Vermögen zu bilden. Das Credo des Multimillardärs lautet deshalb: Abbau der Sozialabgaben, Aktiensparen, mehr Raum der unternehmerischen Freiheit, Erhöhung des Shareholder-Values. «Wenn die Firmenfusionen zu Wertsteigerungen führen, bringen sie auch volkswirtschaftlichen Nutzen», meinte er 1998 in einem Interview und verwies auf die 500 Millionen Franken Steuern, die die BZ Bank in diesem Jahr dem Fiskus ablieferte. Rechsteiner hält diese Summe angesichts der Milliardengewinne der BZ Gruppe und angesichts der Massenentlassungen, die jeweils auf Firmenfusionen folgen, für «nicht sehr bedeutend».

Martin Ebner hat seine finanziellen Bubenträume restlos realisiert. Heute verfügt er über ein geschätztes Vermögen von vier Milliarden Franken. Seine Laufbahn darf als die steilste Karriere bezeichnet werden, die ein Unternehmer hierzulande in diesem Jahrhundert vorgelegt hat.

Doch was ist das Erfolgsgeheimnis dieses Mannes, der von sich selber sagt: «Konsum bedeutet mir wenig und lenkt nur von der Arbeit ab»? Jörg Becher, der sich seit mehreren Jahren mit dem Zürcher Bankier beschäftigt: «Martin Ebner ist

Martin Ebner: *Hurden (SZ) 12.8.1945, Jurist, Financier. Verheiratet mit Rosmarie Ulmann.

eine sehr eindimensionale Figur. Er hat sein ganzes Leben dem Aktienhandel gewidmet. Gerade deshalb ist er wahrscheinlich so erfolgreich.»

Christof Dejung

Zum Weiterlesen

Jörg Becher: Das schnelle Geld. Martin Ebners Weg zur Macht. Weltwoche-ABC-Verlag, Zürich 1998.

Die Popartistin

*Die Multimedia-Künstlerin **Pipilotti Rist** ist die international hofierte Pop-Art-Königin der Schweiz.*

Nackt und scheinbar leblos liegt die Frau auf dem Waldboden. Übersät mit bunten, glitzernden Klunkern. Wie ein Liebhaber – oder ein verstörter Schänder? – streicht die Kamera über den Körper, lässt dann von ihrem Objekt ab und schwenkt vom braunen Waldboden hoch in den Blätterhimmel.

Der eigene Körper ist wie im «Leibesbrief» ein zentrales Thema in Pipilotti Rists Videos. «Beeindruckend, wie sie sich mit dem Medium in Verbindung bringen kann», schwärmt der Leiter der Zürcher Kunsthalle Bernhard Bürgi, «Rist legt via Video auch eine Innenansicht ihrer selbst nach aussen.» Ihre Arbeiten seien «sinnlich mitreissend» und «unmittelbar». Die Fähigkeit, dem technoiden Medium Video emotionale Bilder und Botschaften abzuringen, zeichne Rist aus, findet Bürgi. Pipilotti stellt sich selber aus. Zumindest ihre körperliche Hülle. Denn trotz intimster Entblössungen bleibt sie stets kühl auf Distanz, wirkt gerade in ihrer Nacktheit unnahbar.

Rist will ein Publikum ansprechen, das mit traditioneller Kunst nicht viel anzufangen weiss. Menschen mit «normaler Fernsehbildung» sollten Zugang zu ihrer Arbeit finden können, erklärte sie einmal. In ihren Bildern und Geschichten erkennt sich die Fernseh- und Videoclipgeneration wieder, zu der sich Pipilotti selber auch zählt: «Ich bin ein typisches Fernsehkind. Ich kenne das Gefühl, nicht mehr unterscheiden zu können, was ich am Nachmittag im Wald und danach im Fernsehen erlebt habe.» Als Mädchen habe sie davon geträumt, «die Reinkarnation von John Lennon zu sein».

Irgendwie hat sie das auch fertig gebracht. Pipilotti ist heute bereits eine Ikone der Popkunst und die international gefragteste Schweizer Künstlerin. Sie wird mit Preisen geradezu überhäuft und realisiert Ausstellungen rund um den Globus. Einem breiteren Publikum bekannt geworden ist sie als künstlerische Direktorin der expo.01. Nach eineinhalb Jahren hat sie das Amt allerdings genervt abgegeben. Die Expo-Manager waren ihr zu wenig professionell und zu chaotisch. Rists Karriere nahm einen eher gemächlichen Anfang. Aufgewachsen im St. Galler Rheintal, in einer «erzprotestantischen ländlichen Idylle», studierte sie nach der Matura Gebrauchs-, Illustrations- und Foto-Grafik an der Wiener Hochschule für angewandte Kunst und besuchte anschliessend die Videoklasse der Schule für Gestaltung in Basel. Während Jahren jobbte sie als Computergrafikerin in der Pharmabranche. Ihr erstes Video musste sie in Nachtarbeit an ihrem Arbeitsplatz in der Basler Chemie schneiden, weil sie noch kein Geld für eigene Produktionsmittel hatte.

Wie ihre Idole John Lennon und Yoko Ono machte Rist auch Musik: bei den «Reines Prochaines», den künftigen Königinnen. Deren «Dada-Spielzeugmusik» verglichen Kritiker respektlos mit «Kinderliedlein» und «Musikdosenklängen».

Heute verschmilzt die zur Pop-Art-Königin avancierte Pipilotti ihre verschiedenen Talente virtuos zu multimedialen Kunstwerken, mit denen sie, wie sie sagt, «auf allen Sinnen trommelt». Bilder, Musik und Rauminstallationen fliessen ineinander. Die Videos sind mit schräger Musik und deftigen Texten unterlegt wie: «Your penis around my throat as necklace of diamonds/dein Penis um meinen Hals wie ein Diamanten-Collier». Das geht allerdings so wenig unter die Haut wie die Bilder nackter Körper und intimer Körperteile. Dem porentief gefilmten Liebespaar im «Pickelporno» zuzuschauen ist so erotisch wie eine züchtig bekleidete Grossmutter beim Staubsaugen zu beobachten.

Pipilotti Rist: *Buchs (SG) 21.6.1962. Multimediakünstlerin. Der Künstlername Pipilotti setzt sich zusammen aus Rists Vornamen Charlotte (Lotti) und dem der Kinderbuchheldin Pipi Langstrumpf.

Dafür sind Pipilottis Arbeiten oft ironisch und verspielt anarchisch, wie etwa «Ever is Over All». Das Video zeigt eine junge Frau in hellblauem Kleid und roten Pumps, die bewaffnet mit einem Blütenstengel eine Strasse runtergeht und alle paar Meter eine Autoscheibe zertrümmert. Jede berstende Scheibe löst einen kleinen Freudentaumel aus.

Thomas Gull

Zum Weiterlesen

Pipilotti Rist: Remake of the Weekend. Katalog. Oktagon Verlag, Köln 1998.

Leserbriefe

*Die Jahrhundert-Schweizer-Porträts haben
bei den Leserinnen und Lesern der Coop-Zeitung
zum Teil kontroverse Reaktionen ausgelöst.
Hier wird eine Auswahl präsentiert.*

Zu Einstein, Hingis und Hayek:
Volkswirtschaftlich nichts gebracht

Wie können Sie Einstein, Hayek oder gar die Hingis als Jahrhundert-Schweizer bezeichnen? So wissen wir, dass Einstein ursprünglich Deutscher war, Hayek angeblich Tscheche (eventuell Österreicher) und Hingis auch nicht schweizerischer Herkunft ist. Nun, das spielt im Grunde genommen keine allzu grosse Rolle. Einstein hat das Schweizer Bürgerrecht erhalten und wurde nachher Amerikaner. Hayek hat mit seinem Ideenreichtum viele Arbeitsplätze erhalten und geschaffen. Dass Sie aber die Hingis zu den Jahrhundert-Schweizern zählen möchten, entbehrt jeder Vernunft und ist wie ein Schlag ins Gesicht jedes einigermassen vernünftig denkenden Menschen. Wie können Sie eine hochgejubelte Person wie die Hingis, die volkswirtschaftlich nichts gebracht hat, erwähnen?

Josefine und Karl Stäuber, Arbon

Zu den Artikeln im Allgemeinen:
Frauen kennen lernen

Für Ihre interessante und lehrreiche Serie über bekannte und weniger bekannte Schweizer danke ich Ihnen und ihren Autoren. Ich bin gespannt, welchen weiteren Persönlichkeiten Sie einen Artikel widmen werden, da sich die Auswahlpalette über unzählige Gebiete ausweiten lassen würde. Ich hoffe, auch noch einige Frauen «kennen zu lernen».

Verena Brodmann, Ettingen

Zu Albert Einstein:
Die Frau an der Seite Albert Einsteins

Es erstaunt und befremdet mich, einen Bericht über Albert Einstein zu lesen, in dem er noch immer als alleiniger Entdecker der Relativitätstheorie dargestellt wird. Es ist in den letzten Jahren hinreichend erforscht und belegt worden, dass seine erste Ehefrau Mileva Maric massgeblich an der Forschung beteiligt war.

Katharina Eggenschwiler, Basel

Zu Robert Grimm:
Das stimmt nicht

Sie schreiben, Robert Grimm sei ein kantiger Streiter gewesen, «und diente auch mit den Jahren nicht als Integrationsfigur». Gerade dies stimmt nicht: Robert Grimm war in späteren Jahren Mitglied des Gemeinderates der Stadt Bern. In seinen letzten Jahren wurde er bernischer Regierungsrat, ihm wurde die Baudirektion zugeteilt. Sie schreiben ferner, Bundesrat wäre Grimm nie geworden. Klar nicht, das Bürgertum hat ihm nie verziehen, dass er als Führer des Generalstreiks von 1918 die Arbeiterschaft aufgerüttelt hat. Die Gedanken und Visionen von Grimm wirken heute noch nach in der Arbeiterschaft. Sie wurde sich ihrer Kraft und Stärke durch sein Wirken bewusst.

Werner Bucher, Zürich

Zu Annemarie Schwarzenbach:
Sind die anderen teuflische Gestalten?

Gemäss Coop-Zeitung ist diese Alkohol- und Drogensüchtige, die ausserdem völlig unfähig ist, sich trotz Studium selbst zu erhalten, eine androgyne, engelhafte Gestalt. Was ist denn eigentlich mit all jenen Menschen, die ihren Lebensunterhalt selber verdienen, Steuern zahlen und allen anderen Verpflichtungen mit Bravour nachkommen? Sind das etwa teuflische Gestalten?

R. Schüpbach, Zollikofen

Zu Henri Guisan:
Unverzeihlicher Befehl

War die von General Guisan persönlich angeordnete Einberufung von sozusagen allen Kader-Offizieren zum Rütlirapport nicht die denkbar grösste «Schwächung der Schlagkraft der Schweizer Armee»? Was wäre wohl geschehen, wenn die Wehrmacht die Gunst der Stunde genutzt und unsere Armeespitze auf dem Rütli innert weniger Minuten ausgelöscht hätte – um gleichzeitig einzumarschieren?
Vergleicht man diesen unverzeihlichen Befehl des Generals, der ihm Ruhm einbringen sollte, mit dem Schicksal des zum Tode verurteilten Soldaten Ernst S., so findet man keine ausgleichenden Worte.

Otto Wolf, Sarnen

Und ein paar Repliken:
Blühender Unsinn zum Rütlirapport

Ihrer Leserbriefredaktion kann der Vorwurf nicht erspart bleiben, einen derart blühenden Unsinn kommentarlos zu publizieren. In allen Armeen der Welt bestimmen die Kommandanten sämtlicher Stufen ihre Stellvertreter. Die deutsche Heeresleitung wusste dies selbstverständlich. Ein Angriff hätte ihr während des Rapports kaum mehr gebracht als vorher oder nachher. Die auf dem Rütli befohlene Neugruppierung der Armee (Reduit) darf allen Kritikern zum Trotz nachträglich als wesentlicher Beitrag zum Nichtangriffsbeschluss der Deutschen angesehen werden.

Dr. med. F. Langraf, Zürich

Die Kritik am General und der schweizerischen Armee gefällt mir nicht. Sie ist falsch, wenn sie von Leuten vorgebracht wird, die damals nicht dabei waren.

Heinrich Kaspar, Birsfelden

Wir, die wir den menschlich und fachlich integren, hochverehrten General Guisan gekannt und erfahren haben, haben die Lästermäuler satt. Sie missbrauchen die kostbare Zeit, welche uns gegeben ist, um Gutes zu tun.

Dorothea Wunderli, Zürich

Während der ganzen Aktivdienstzeit habe ich kein einziges negatives Wort über den General gehört! Was ich aber bis heute nicht verdaut habe, ist die Arroganz von direkten Vorgesetzten. Da liessen sie die Sau raus.

R. Grimm, Bülach

Zu Paul Grüninger:
Gesetz der Nächstenliebe

«... rettete Tausenden von Juden das Leben – und verstiess damit gegen Gesetze». Eben gerade nicht! Denn indem Paul Grüninger gegen elenden, die Menschlichkeit vermissen lassenden eidgenössischen «Gesetzes»-Schrott verstiess, hielt er sich an Gesetze: an jene wichtigen Gesetze der Menschlichkeit, der christlichen Nächstenliebe, der Ehrfurcht vor dem Leben.

Ralf Winkler, Lindau

Zu Iris von Roten:
Benachteiligung herbeigeschwatzt

Die Null-Komma-Null-Problemchen, die Iris von Roten für ihr «Laufgitter-Buch» erfand, wären es auch heute nicht wert, breitgetreten zu werden. Aber in einer Manipulation wurde und wird eine angebliche Benachteiligung des weiblichen Geschlechts herbeigeschwatzt.

Hans Zihlmann, Zürich

Diese Ausgabe der Coop-Zeitung ist für jeden gesund empfindenden Mann eine Provokation. Nicht nur, dass eine fundamentalistische Feministin in den Himmel gelobt und damit wir Männer angegriffen werden. Nein, dazu wird die Leserschaft auch noch mit «Froschprinzen-Geschichten» verulkt, wo in zwei Fällen der Mann als der Alleinschuldige an der Trennung hingestellt wird, während die Frauen in dieser Hinsicht die Unschuldsengel sind.

Edy Gerber, Basel

Und eine Replik:
Bodenlose Frechheit

Die Ausführungen von Hans Zihlmann gegenüber Frauen sind mindestens sehr arrogant. Zu behaupten, die Benachteiligung des weiblichen Geschlechts sei eine angebliche und nur herbeigeschwatzt, ist angesichts all der wissenschaftlich belegten Fakten eine bodenlose Frechheit.

Vivian Fankhauser-Feitknecht, Luzern

Zu Hans Küng:
Reformtheologe ist Irrlehrer

Schon am zweiten Vatikanischen Konzil haben Beobachter die Rede von Hans Küng betreffend Ehrlichkeit als wenig durchdacht und hochmütig bezeichnet und beschrieben. Seither hat sich der Reformtheologe verschlimmbessert zum Irrlehrer.

Hugo Gamma, Goldau

Es war nicht allein das Unfehlbarkeitsdogma entscheidend, dass Küng die «missio canonica» entzogen wurde. Lesen Sie Küngs Bücher, da bleibt nichts mehr übrig vom wahren katholischen Glauben.

Ludwig Ackermann, Brislach

Zu Willi Ritschard:
Bürgerliche Absicht

Kein Satz hat Willi Ritschard mehr geschmerzt wie jenes fast einleuchtende «Mehr Freiheit und weniger Staat». Der erste Arbeiter im Bundesrat war ein umsichtiger Mann. Leider wurde er nur von wenigen verstanden. Seine Weitsicht war begleitet von Menschlichkeit, die von göttlichem Fundament kam, denn er war ein gläubiger Mann. Unter dem Motto «Mehr Freiheit und weniger Staat» war dazumal schon die bürgerliche Absicht der Privatisierung der Gewinne und Sozialisierung der Verluste zu verstehen. Die Fortsetzung dieses Gedankens schlägt sich in der unnötigen Globalisierung nieder. Denn wo Geld zu holen ist mit weniger Arbeitskräften, ist jedes Mittel gut genug.

Otto Sutter, Liestal

Zu den Müllers:
Jugendunruhen begannen 1968

Wenn der Coop-Zeitung schon nichts Gescheiteres einfällt, als die alte «Müller»-Geschichte aufzurollen, so soll sie sich wenigstens an die Tatsachen halten und ein bisschen objektiv bleiben. Die Jugendunruhen haben in Zürich nicht 1980, sondern schon 1968 begonnen, lanciert und finanziert von Kreisen, deren Motto hiess: «Mached us em Staat Gurkesalat.»
Die Schuld an den gewalttätigen Auseinandersetzungen den damals schlecht ausgerüsteten Polizisten in die Schuhe zu

schieben, ist schlicht und einfach gelogen. Oder haben sie etwa begonnen, Molotow-Cocktails, abgeschlagene Flaschenhälse und Bsetzisteine als Waffen einzusctzen?

Übrigens wurden die ach so lieben und nur berechtigte Anliegen vertretenden Krawallteilnehmer nachher von Politik und Presse hochgejubelt, die Polizeibeamten aber von ihren Vorgesetzten schmählich im Stich gelassen. Sie und ihre Familien mussten noch lange unter den Folgen der Demonstrationen leiden.

Albert Göggel, Wetzikon

Zu Elisabeth Kopp:
Elisabeth Kopp – ein Fehlgriff

Es ist himmeltraurig, welch schwere Jahre die Dame Kopp hinter sich bringen musste. Von der Polit-Schickeria gemieden, musste sie ganz allein, nur von ihrem treu sorgenden Gatten unterstützt, in minuziöser Kleinarbeit ihre beträchtliche Rente in ein Nulleinkommen umfrisieren.

Traurig, traurig, zum Kotzen traurig. An Traurigkeit wird das Schicksal dieser egozentrischen Freisinnigen nur noch durch den Fehlgriff der Coop-Zeitung überboten, diese nach wie vor von jedem Schuldbewusstsein freie Person als Jahrhundert-Schweizerin zu feiern.

Roman Fischer, Riehen

Die Wahl von Frau Kopp passte vielen Parlamentariern beiderlei Geschlechts von links bis rechts nicht in den Kram. Man hat sich dann mit dem Unvermeidlichen einstweilen abgefunden, aber nie aufgehört, an einem Stolperstein zu bauen. Gewisse Leute konnten nicht verdauen, dass Kopp das EJPD straff führte und auch im Asylbereich eine konsequente Linie verfolgte, ohne Gefühlsduselei.

Annemarie Zingg, Zürich

Zu Martina Hingis:
Hingis kann nur Tennis spielen

Martina Hingis unter die Jahrhundert-Schweizer einzurei-
hen, finde ich übertrieben, zumal sie eigentlich keine
Schweizerin im wahren Sinne des Wortes ist. Das Einzige,
was sie kann, ist Tennis spielen.

Hans-Peter Baumann, Ettingen

Vielen Dank für die Reportage über Martina Hingis. Es ist
schön, dass Sie nicht über sie schimpfen.

S. Leuenberger, Fehraltorf

Chronologie des 20. Jahrhunderts

Jahr	Schweiz	Jahrhundert-Schweizerinnen und -Schweizer	Welt
1900	In der Schweiz leben 3,3 Mio. Menschen.	Max Oskar Bircher-Benner erklärt Getreide, Früchte und Gemüse seien hochwertigere Nahrungsmittel als Fleisch. Helene von Mülinen wird Präsidentin des neugegründeten «Bund schweizerischer Frauenvereine».	
1905	In ihrem 1. Fussball-Länderspiel unterliegt die Schweiz in Paris Frankreich 0:1.		
1908		Ernst Laur wird Professor für Agrarwirtschaft an der ETH Zürich.	
1912		Carl Gustav Jung publiziert sein Werk «Wandlungen und Symbole der Libido».	
1914	Mobilmachung und Grenzbesetzung.	Ulrich Wille wird zum General der Schweizer Armee gewählt. Else Züblin-Spiller eröffnet die ersten «Soldatenstuben». Carl Spitteler hält seine Rede «Unser Schweizer Standpunkt» und ruft die Schweizer zu Neutralität und nationaler Eintracht auf.	Ausbruch des Ersten Weltkrieges (1914–1918).
1916		Sophie Taeuber-Arp beteiligt sich an der Zürcher Dada-Bewegung. Ferdinand de Saussures Schüler geben postum seinen «Cours de linguistique générale» heraus.	

Jahr	Schweiz	Jahrhundert-Schweizerinnen und -Schweizer	Welt
1917			Russische Revolution: Gründung der Sowjetunion.
1918	Eine Grippe-Epidemie fordert 21 000 Tote.	Robert Grimm ruft den Landes-Generalstreik aus.	
1919		Friedrich Knie hebt in Bern den Schweizer National-Circus Knie aus der Taufe.	
1920	Beitritt der Schweiz zum Völkerbund.		
1921	Gründung der Kommunistischen Partei der Schweiz.	Albert Einstein erhält den Nobelpreis für Physik.	
1922	Bundesmonopol für Rundfunk: Die ersten Radiosender in Bern und Lausanne nehmen den Betrieb auf.		«Marsch auf Rom»: Benito Mussolini ergreift in Italien die Macht.
1923		Le Corbusier publiziert mit «Vers une Architecture» seine Vision einer neuen Architektur.	
1925		Gottlieb Duttweiler gründet die Migros.	
1928	II. Olympische Winterspiele in St. Moritz.		

Jahr	Schweiz	Jahrhundert-Schweizerinnen und -Schweizer	Welt
1929	Rudolf Minger wird erster Bundesrat der BGB (heute SVP).		«Black Friday»: Börsenkrach in den USA, Beginn der Weltwirtschaftskrise.
1931		Amalie Pinkus-De Sassi tritt der Kommunistischen Partei bei.	
1933	«Frontenfrühling» in der Schweiz: Nazifreundliche Organisationen erstarken. In Zürich startet die erste Tour de Suisse.		In Deutschland wird Adolf Hitler Kanzler.
1934		Elsie Attenhofer glänzt in ihrer ersten Solonummer im Cabaret Cornichon.	
1935		Annemarie Schwarzenbach schreibt in Persien die erste Fassung ihres Romans «Das glückliche Tal». Max Schmidheiny übernimmt mit Bruder Ernst das Firmenimperium des verstorbenen Vaters.	
1936		Charles Ferdinand Ramuz erhält den Grossen Schillerpreis.	Spanischer Bürgerkrieg (1936–1939).
1937	«Arbeitsfrieden»: Abkommen zwischen Arbeitgebern und Arbeitnehmern in der Metallindustrie.		

Jahr	Schweiz	Jahrhundert-Schweizerinnen und -Schweizer	Welt
1938		Génia Walaschek leitet beim 4:2-Sieg der Schweiz gegen Grossdeutschland an der Fussball-WM mit dem 1:2 die Wende ein.	
1939	Die «Landi» wird in Zürich eröffnet. Generalmobilmachung der Armee.	Paul Grüninger rettet Tausenden von verfolgten Juden das Leben (ab 1938).	Ausbruch des Zweiten Weltkriegs (dauert bis 1945).
1940		Jean Rudolf von Salis beginnt auf Radio Beromünster seine wöchentliche «Weltchronik». General Henri Guisan verkündet auf dem Rütli den Rückzug der Armee ins Alpenreduit.	
1941		Anne-Marie Blanc wird mit «Gilberte de Courgenay» zum schweizerischen Filmstar.	
1942	«Das Boot ist voll»: Die Bestimmungen für Kriegs- flüchtlinge in der Schweiz werden verschärft.	Gertrud Kurz bewegt Bundesrat Eduard von Steiger, die Grenze für Zivilflüchtlinge vorübergehend wieder zu öffnen.	
1943	Ernst Nobs wird erster Bundesrat der SP.	Albert Hoffmann entdeckt die halluzinogene Wirkung von LSD.	

Jahr	Schweiz	Jahrhundert-Schweizerinnen und -Schweizer	Welt
1945			Mit der Friedenskonferenz von Potsdam beginnt der Kalte Krieg. Die USA werfen Atombomben auf Hiroshima und Nagasaki.
1946	Winston Chruchill hält eine Rede in Zürich:"Let Europe arise."	Paul Scherrer wird Präsident der Schweizerischen Studienkommission für Atomenergie.	Gründung der Uno in Genf.
1947	Per Volksabstimmung wird die AHV eingeführt.	Alberto Giacometti wird mit Skulpturen wie «L'homme qui marche» zum international gefeierten Künstler.	«Marshallplan»: Die USA helfen beim Wiederaufbau Westeuropas.
1949			Gründung der Nato, Gründung der BRD und der DDR.
1950		Ferdy Kübler gewinnt als erster Schweizer die Tour de France.	
1952		Roland Béguelin wird Generalsekretär des separatistischen «Rassemblement jurassien».	

Jahr	Schweiz	Jahrhundert-Schweizerinnen und -Schweizer	Welt
1953	Der Fernsehbetrieb wird versuchsweise in Zürich und Genf aufgenommen.		
1954	Fussball-WM in der Schweiz.	Heidi Abel tritt erstmals als Ansagerin vor die Kameras des Schweizer Fernsehens. Max Frisch wird mit dem Roman «Stiller» zum weltweit beachteten Schriftsteller.	
1955			Gründung des Warschauer Pakts.
1956		Friedrich Dürrenmatts «Besuch der alten Dame» wird im Zürcher Schauspielhaus uraufgeführt.	Volksaufstand in Ungarn.
1957			Gründung der Europäischen Wirtschaftsgemeinschaft (heute EU). Die Sowjetunion schockiert den Westen, indem sie den ersten Satelliten «Sputnik» auf die Erdumlaufbahn schiesst.

Jahr	Schweiz	Jahrhundert-Schweizerinnen und -Schweizer	Welt
1958		Iris von Roten publiziert ihr Buch «Frauen im Laufgitter».	
1959	Erstmals wird für die Zusammensetzung des Schweizer Bundesrats die «Zauberformel» angewendet. Einführung des Frauenstimmrechts in den Kantonen Waadt und Genf.	Jean-Luc Godard läutet mit dem Film «A bout de souffle» die «Nouvelle Vague» ein.	
1960	Beitritt der Schweiz zur Europäischen Freihandelsassoziation (EFTA).		Die Verhütungs-«Pille» erscheint auf dem amerikanischen Markt.
1962			«Kubakrise»: Die USA und die UdSSR wandeln am Rande eines Dritten Weltkriegs. Das 2. Vatikanische Konzil (1962–1965) löst eine Aufbruchstimmung in der katholischen Welt aus.

Jahr	Schweiz	Jahrhundert-Schweizerinnen und -Schweizer	Welt
1964			Vietnamkrieg (1964–1976).
1966		Jeanne Hersch wird Direktorin der Abteilung Philosophie der Unesco.	Kulturrevolution in China.
1967			Israelisch-arabischer Krieg in Nahost («Sechs-Tage-Krieg»).
1968	«Globuskrawalle» in Zürich.	Ruedi Walter spielt den «Heiri» in der «Kleinen Niederdorf-Oper» und wird zum beliebtesten Schauspieler der Schweiz.	Weltweite Studentenunruhen. Der «Prager Frühling» wird von Sowjettruppen niedergewalzt.
1969			Der Amerikaner Neil Armstrong betritt als erster Mensch den Mond.
1970	Der Schwarzenbach-Initiative gegen «Überfremdung» wird vom Volk abgelehnt.	Hans Küng attackiert mit seinem Buch «Unfehlbar? Eine Anfrage» das Papsttum. Bernhard Russi wird in Val Gardena Abfahrtsweltmeister.	
1971	Die Frauen erhalten das Stimmrecht auf Bundesebene.	Mani Matter tourt solo durch die Schweiz.	

Jahr	Schweiz	Jahrhundert-Schweizerinnen und -Schweizer	Welt
1973		Willi Ritschard wird als erster Arbeiter in den Bundesrat gewählt.	Die Erdölkrise löst eine weltweite Rezession aus.
1975	Das AKW-Baugelände in Kaiseraugst wird von Atomgegnern besetzt.	Niklaus Meienberg publiziert «Reportagen aus der Schweiz», darunter «Ernst S., Landesverräter».	
1979	Der Jura wird 23. Kanton der Schweiz.	Roger Schawinskis Radio 24 sendet erstmals vom Pizzo Groppera.	
1980	Jugendunruhen in Zürich («Opernhauskrawalle»).	Anna und Hans Müller treten als Vertreter der Zürcher Jugendbewegung im «CH-Magazin» auf.	
1982		Nicolas G. Hayek lanciert die Swatch-Uhr.	
1984	Waldsterben-Debatte	Elisabeth Kopp wird als erste Frau in den Bundesrat gewählt.	
1985		Martin Ebner gründet die BZ Bank und revolutioniert damit den Finanzplatz Schweiz.	

Jahr	Schweiz	Jahrhundert-Schweizerinnen und -Schweizer	Welt
1986	Chemieunfall bei der Sandoz in Basel («Schweizerhalle»).		GAU im Atomreaktor Tschernobyl. Wahl Michail Gorbatschows zum Generalsekretär der KPdSU: Perestroika und Glasnost in der Sowjetunion.
1989	Militärabschaffungsinitiative wird abgelehnt. Die Fichenaffäre sorgt für Schlagzeilen.		Fall der Berliner Mauer: Ende des Kalten Krieges.
1990			Wiedervereinigung Deutschlands.
1991	Beginn einer Rezession: Erstmals seit dem 2. Weltkrieg herrscht in der Schweiz wieder Arbeitslosigkeit.		Die Sowjetunion und der Warschauer Pakt lösen sich auf. Kriegsbeginn in (Ex-)Jugoslawien. Golfkrieg Irak-Uno.
1992	Der EWR-Beitritt der Schweiz wird in einer Volksabstimmung abgelehnt.	Claude Nicollier nimmt erstmals an einer Mission im Weltall teil. Das Video «Pickelporno» macht Pipilotti Rist bekannt.	

Jahr	Schweiz	Jahrhundert-Schweizerinnen und -Schweizer	Welt
1996	In der Chemiebranche (Novartis) und im Bankensektor (UBS 1997) kommt es zu gewichtigen Betriebs-Fusionen. Diskussion um nachrichtenlose Vermögen und Raubgold beginnt.		
1997		Martina Hingis gewinnt in Melbourne ihren ersten Grand-Slam-Einzeltitel und wird die Nummer 1 des Frauentennis.	
1999	Die totalrevidierte Bundesverfassung wird vom Volk angenommen.		
2000	Über 7 Mio. Menschen leben in der Schweiz.		

Bastelbogen
Jahrhundert-Schweizer

*Unsere fünfzig Jahrhundert-Schweizerinnen und
-Schweizer haben wir aus gut 200 Kandidatinnen
und Kandidaten ausgewählt, deren Namen und
Lebensdaten wir hier aufgelistet haben.
Damit können Sie sich Ihre eigene Jahrhundert-
Schweizer-Liste zusammenstellen. Viel Spass!*

Henri Dunant (1828–1910)
Publizist, Gründer des Roten Kreuzes, Friedensnobelpreis 1901

Alfred Bluntschli (1842–1930)
Baumeister

Susanna Orelli-Rinderknecht (1845–1939)
Sozialpolitikerin

Carl Spitteler (1845–1924)
Schriftsteller, Nobelpreis für Literatur

Auguste Forel (1848–1931)
Psychiater, Sozialhygieniker

Ulrich Wille (1848–1925)
General im Ersten Weltkrieg

Eugen Huber (1849–1923)
Jurist, Politiker, Schöpfer des ZGB

Helene von Mülinen (1850–1924)
Vorkämpferin der Frauenbewegung

Ferdinand Hodler (1853–1918)
Maler

Eugen Bleuler (1857–1939)
Psychiater

Ferdinand de Saussure (1857–1913)
Sprachwissenschafter

Klara Honegger (1860–1940)
Pionierin der Frauenbewegung

Charles-Edouard Guillaume (1861–1938)
Physiker, Erfinder von Invar, Nobelpreisträger

Félix Vallotton (1865–1925)
Maler, Grafiker

Maximilian Oskar Bircher-Benner (1867–1939)
Arzt, Erfinder des Birchermüesli

Cuno Amiet (1868–1961)
Maler, Grafiker

Fritz Hoffmann-La Roche (1868–1920)
Chemiekonzern-Gründer

Leonhard Ragaz (1868–1945)
Theologe, Sozialkritiker, Pazifist

Bernhard Jaeggi (1869–1944)	Genossenschaftspionier
Ernst Laur (1871–1964)	Bauernführer
Giuseppe Motta (1871–1940)	Bundesrat
Henri Guisan (1874–1960)	General im Zweiten Weltkrieg
Max Huber (1874–1960)	Staats- und Völkerrechtler, Präsident IKRK 1929–1945
Carl Gustav Jung (1875–1961)	Psychiater, Begründer der Analytischen Psychologie
Albert Oeri (1875–1950)	Journalist, Politiker
Jakob Schaffner (1875–1944)	Schriftsteller
Theodor Tobler (1866–1941)	Chocolatier («Toblerone»)
Hans Badrutt (1876–1959)	Hotelier
Hermann Hesse (1877–1962)	Schriftsteller, Nobelpreisträger
Konrad Ilg (1877–1954)	Gewerkschafter
Charles Ferdinand Ramuz (1878–1947)	Schriftsteller, Lyriker, Essayist
Robert Walser (1878–1956)	Schriftsteller
Paul Klee (1879–1940)	Maler
Othmar H. Ammann (1879–1965)	Brückenbauer
Alfred Kuoni (1879–1943)	Reiseunternehmer
Grock (1880–1959)	Clown
Gonzague de Reynold (1880–1970)	Schriftsteller, Historiker
Annie Leuch-Rheineck (1880–1978)	Vorkämpferin für das Frauenstimmrecht
Robert Grimm (1881–1958)	Politiker, Publizist
Rudolf Minger (1881–1955)	Bundesrat
Eduard von Steiger (1881–1962)	Bundesrat
Else Züblin-Spiller (1881–1948)	Journalistin, Gründerin «Schweizerischer Verband Volksdienst»
Rosa Neuenschwander (1883–1962)	Pionierin der Frauenberufsbildung
Friedrich Knie (1884–1941)	Artist, Leiter des Circus Knie
Ernst Dübi (1884–1947)	Stahlindustrieller
Auguste Piccard (1884–1962)	Physiker, Ballonpionier

Karl Barth (1886–1968)	Theologe, Philosoph
Max Daetwyler (1886–1976)	Friedensaktivist
Ernst Nobs (1886–1957)	Bundesrat
Othmar Schoeck (1886–1957)	Komponist, Dirigent
Blaise Cendrars (1887–1961)	Weltenbummler, Entdecker, Dichter
Emil Johann Hegetschweiler (1887–1959)	Schauspieler, Kabarettist
Le Corbusier (1887–1965)	Maler, Architekt
Gottlieb Duttweiler (1888–1962)	Migros-Gründer, Politiker
Heinrich Rothmund (1888–1961)	Chef der Fremdenpolizei im Zweiten Weltkrieg
Carl Böckli (1889–1970)	Karikaturist (Nebelspalter)
Regina Kägi-Fuchsmann (1889–1972)	Gründerin des Schweizer Arbeiterhilfs- werks, Sozialpolitikerin
Paul Karrer (1889–1971)	Chemiker, Vitaminforscher, Nobelpreis- träger
Sophie Taeuber-Arp (1889–1943)	Künstlerin
Marcel Pilet-Golaz (1889–1958)	Bundesrat
Emil Georg Bührle (1890–1956)	Industrieller
Gertrud Kurz (1890–1972)	Flüchtlingsmutter
Paul Scherrer (1890–1969)	Kernphysiker
Carl Jakob Burkhardt (1891–1974)	Historiker
Paul Grüninger (1891–1972)	Polizeikommandant, Flüchtlingshelfer
Charles Journet (1891–1975)	Katholischer Theologe, Kardinal
Arthur Honegger (1892–1955)	Komponist
Meinrad Inglin (1893–1971)	Schriftsteller
Walter E. Boveri (1894–1972)	Industrieller
Roger Masson (1894–1967)	Leiter des schweizerischen Nach- richtendienstes im Zweiten Weltkrieg
Walter Mittelholzer (1894–1937)	Flugpionier
Lux Guyer-Studer (1894–1955)	Architektin
Albin Zollinger (1895–1941)	Schriftsteller, Publizist

Friedrich Glauser (1896–1938)	Schriftsteller
Jean Piaget (1896–1980)	Kinderpsychologe
Heinrich Gretler (1897–1977)	Schauspieler
Willy Bretscher (1897–1992)	Journalist, Politiker
Edgar Bonjour (1898–1991)	Historiker
Paul-Hermann Müller (1899–1965)	Chemiker, DDT-Entwickler
Schaggi Streuli (1899–1980)	Schauspieler, Kabarettist
Friedrich Traugott Wahlen (1899–1985)	Bundesrat
Willy Burkhard (1900–1955)	Komponist
Alberto Giacometti (1901–1966)	Künstler
Max Rudolf Morgenthaler (1901–1980)	Chemiker, Erfinder des Nescafés
Jean Rudolf von Salis (1901–1996)	Historiker, Publizist
Leopold Lindtberg (1902–1984)	Theater-, Filmregisseur
Alois Carigiet (1902–1985)	Grafiker, Kunstmaler
Konrad Farner (1903–1974)	Kommunist, Kunsthistoriker, Philosoph
Hans Urs von Balthasar (1905–1988)	Theologe
Marcel Lefebvre (1905–1990)	fundamentalistischer Theologe
Giorgio Miez (1905–1999)	Kunstturner
Albert Hofmann (*1906)	Chemiker, LSD-Erfinder
Denis de Rougemont (1906–1985)	Schriftsteller, Kulturphilosoph
Paul Sacher (1906–1999)	Dirigent, Kunstmäzen
Zarli Carigiet (1907–1981)	Kabarettist, Schauspieler
Karl Schmid (1907–1974)	Literaturhistoriker
Annemarie Schwarzenbach (1908–1942)	Schriftstellerin, Reisejournalistin
Max Schmidheiny (1908–1991)	Industrieller
Emil Staiger (1908–1987)	Literaturhistoriker
Max Bill (1908–1994)	Maler, Plastiker
Martin Rosenberg (1908–1976)	Politiker, Initiant der «Zauberformel»

Elsie Attenhofer (1909–1999)	Kabarettistin
Hans Erni (*1909)	Maler, Grafiker
Theo Pinkus (1909–1991)	Buchhändler, Kommunist
Amalie Pinkus-De Sassi (1910–1996)	Kommunistin, Frauenrechtlerin
Jeanne Hersch (*1910)	Philosophin
Jean-Louis Jeanmaire (1910–1992)	Berufsoffizier
Rolf Liebermann (1910–1999)	Komponist, Dirigent
Paul Burkhard (1911–1977)	Komponist
Max Frisch (1911–1991)	Schriftsteller, Architekt
James Schwarzenbach (1911–1994)	Politiker
Richard «Bibi» Torriani (1911–1988)	Eishockeyspieler und -trainer
Peter Surava (1912–1995)	Schriftsteller, Journalist
Meret Oppenheim (1913–1985)	Künstlerin
Hans Peter Tschudi (*1913)	Bundesrat
Margrit Rainer (1914–1982)	Volksschauspielerin
Kurt Früh (1915–1979)	Regisseur
Voli Geiler (1915–1992)	Kabarettistin
Max Imboden (1915–1969)	Staatsrechtler
Maurice Bavaud (1916–1941)	Hitler-Attentäter
Werner Bischof (1916–1954)	Fotograf
Maurice Chappaz (*1916)	Schriftsteller
Ruedi Walter (1916–1990)	Schauspieler
Génia Walaschek (*1916)	Fussballer, Ökonom
Iris von Roten (1917–1990)	Feministin
Fredy Bickel (1918–1999)	Fussballer
Hans Falk (*1918)	Maler, Grafiker
Annemarie Blanc (*1918)	Schauspielerin
Willi Ritschard (1918–1983)	Bundesrat
Trudi Gerster (*1919)	Märchenerzählerin
Ferdy Kübler (*1919)	Velorennfahrer
Roland Béguelin (1921–1993)	Politiker, Publizist

Friedrich Dürrenmatt (1921–1990)	Schriftsteller, Maler
Alfred A. Häsler (*1921)	Schriftsteller, Publizist
Vico Torriani (1921–1998)	Schlagersänger, Entertainer
Hazy Osterwald (*1922)	Musiker
Jacques Piccard (*1922)	Ozeanograf, Tiefseepionier
Hans O. Staub (1922–1998)	Journalist
Robert Frank (*1924)	Fotograf, Filmregisseur
Kurt Furgler (*1924)	Bundesrat
Fritz Leutwiler (1924–1997)	Industriekapitän
Emilie Lieberherr (*1924)	Politikerin
Hugo Koblet (1925–1964)	Radrennfahrer
Jean Tinguely (1925–1991)	Künstler
César Keiser (*1925)	Kabarettist, Autor
Michael Kohn (*1925)	Ingenieur, «Energiepapst»
Hannes Schmidhauser (1926–2000)	Schauspieler, Fussballer
Alexander Müller (*1927)	Physiker, Nobelpreis für Supraleiter
Nicolas G. Hayek (*1928)	Unternehmer
Margrit Läubli (*1928)	Kabarettistin
Hans Küng (*1928)	Theologe
Liselotte Pulver (*1928)	Schauspielerin
Alexander J. Seiler (*1928)	Dokumentarfilmer
Adrian Frutiger (*1928)	Typograf
Heidi Abel (1929–1986)	Fernseh-Moderatorin
Werner Arber (*1929)	Molekularbiologe
Arthur Cohn (*1929)	Filmproduzent
Werner Düggelin (*1929)	Regisseur, Theaterleiter
Claude Goretta (*1929)	Filmregisseur
Bernhard Luginbühl (*1929)	Künstler
Paul Nizon (*1929)	Schriftsteller
Alain Tanner (*1929)	Filmregisseur
Jean-Luc Godard (*1930)	Filmemacher
Maximilian Schell (*1930)	Fimregisseur, Schauspieler
Viktor Kortschnoi (*1931)	Schachspieler

George Gruntz (*1932)	Jazzkomponist, -pianist
Rainer E. Gut (*1932)	Grossbanker
René Burri (*1933)	Fotograf
Richard Ernst (*1933)	Chemiker, Nobelpreis für Kernresonanz-forschung
Heinrich Rohrer (*1933)	Physiker, Nobelpreis für Rastertunnel-mikroskop
Emil Steinberger (*1933)	Komiker
Adolf Muschg (*1934)	Schriftsteller, Germanist
Niklaus Wirth (*1934)	Informatiker, Erfinder der Programmier-sprache Pascal
Jean Ziegler (*1934)	Soziologe, Politiker
Peter Bichsel (*1935)	Schriftsteller
Erich von Däniken (*1935)	Schriftsteller
Dimitri (*1935)	Clown, Pantomime
Ursula Andress (*1936)	Schauspielerin, Bond-Girl
Joseph Blatter (*1936)	Präsident Weltfussballverband Fifa
Elisabeth Kopp (*1936)	Bundesrätin
Mani Matter (1936–1972)	Chansonnier, Schriftsteller, Jurist
Jo Siffert (1936–1971)	Autorennfahrer
Clay Regazzoni (*1939)	Autorennfahrer
Christoph Blocher (*1940)	Unternehmer, Politiker
Ruth Dreifuss (*1940)	Bundesrätin
H.R. Giger (*1940)	Maler, Designer
Harald Naegeli (*1940)	Aktionskünstler, Sprayer von Zürich
Niklaus Meienberg (1940-1993)	Journalist, Schriftsteller, Historiker
Irène Schweizer (*1941)	Jazzpianistin
Bruno Ganz (*1941)	Schauspieler
Markus Imhoof (*1941)	Filmregisseur
Daniel Schmid (*1941)	Filmregisseur
Walter Stürm (1942–1999)	Ausbrecherkönig
Mario Botta (*1943)	Architekt
Franz Hohler (*1943)	Schriftsteller, Liedermacher, Kabarettist
Werner K. Rey (*1943)	Financier

Richard Dindo (*1944)	Dokumentarfilmer
Claude Nicollier (*1944)	Astronaut
Xavier Koller (*1944)	Filmregisseur
Rolf Zinkernagel (*1944)	Immunologe, Nobelpreisträger
Martin Ebner (*1945)	Financier
Polo Hofer (*1945)	Rockmusiker
Marthe Keller (*1945)	Schauspielerin
Dieter Meier (*1945)	Performancekünstler, Techno-Pionier (Yello)
Roger Schawinski (*1945)	Journalist, Medienunternehmer
David Weiss (*1946)	Mulitmediakünstler
Christiane Brunner (*1947)	Politikerin, Frauenrechtlerin
Bernhard Russi (*1948)	Skirennfahrer, Pistenarchitekt
Peter Fischli (*1952)	Multimediakünstler
Andreas Gross (*1952)	Politiker, Armeeabschaffer
Heinz Hermann (*1958)	Fussballer, Fussballtrainer
Denise Biellmann (*1962)	Eiskunstläuferin
Erika Hess (*1962)	Skirennfahrerin
Pipilotti Rist (*1962)	Künstlerin
Pirmin Zurbriggen (*1963)	Skirennfahrer
Vreni Schneider (*1964)	Skirennfahrerin
Stéphane Chapuisat (*1969)	Fussballer
Anna Müller und Hans Müller (*15. Juli 1980 CH-Magazin des Schweizer Fernsehens)	Vertreter der Zürcher Jugendbewegung
Martina Hingis (*1980)	Tennisspielerin

Dank der Autoren

Die Porträts in diesem Buch sind zuerst entstanden als Beiträge für die Coop-Zeitung. Unser Dank geht deshalb an die Redaktion, die das Projekt während eines Jahres mitgetragen hat. Besonders erwähnen möchten wir den damaligen Chefredaktor Urs P. Knapp und die Redaktorin Daniela Bühler, die unsere Beiträge betreut hat. Danken möchten wir aber vor allem auch Roger Brunner, dem eigentlichen «Vater» der Jahrhundert-Schweizer. Als Kulturredaktor der Coop-Zeitung hatte er nicht nur «nächtens» den Einfall für die Serie, er hat auch an uns gedacht, als es darum ging, ein Team für die Umsetzung zu finden. Und Roger Brunner hat die Serie in ihren Anfängen entscheidend mitgestaltet.

Weiter möchten wir all jenen danken, die sich die Zeit genommen haben, um sich mit uns über die Jahrhundert-Schweizerinnen und -Schweizer zu unterhalten. Obwohl sie in den Texten nur mit einigen kurzen Aussagen aufscheinen, haben unsere Gesprächspartnerinnen und -partner mit ihren Informationen und Einschätzungen die Porträts oft massgeblich mitgeprägt.

Last but not least möchten wir Nicole Trottmann vom bmg buchverlag danken, die unser Buchprojekt von Anfang an engagiert begleitet hat.

Bildnachweis

S. 13   Schweiz. Landesbibliothek, Bern

S. 17   Medizinhistorisches Institut, Universität Zürich

S. 25   Phot. Kölla. Aus «Erinnerungen eines schweizerischen Bauernführers»
        von E. Laur, Buchverlag Verbandsdruckerei AG, Bern 1943.

S. 33   Aus «Gottfried Bohnenblust», Carl Spitteler, Copyright by Verlag
        Paul Haupt, Bern.

S. 37   SV-Service, Pressedienst, Zürich

S. 41   Schweiz. Landesbibliothek, Bern

S. 45   Keystone/Photopress, Zürich

S. 49   Fondation C.F. Ramuz

S. 53   Circus Knie, Pressebüro, Rapperswil

S. 61   N. Aluf. Aus «S. Taeuber-Arp» von Margit Staber, Editions Rencontre,
        Paris und Cosmopress, Genf 1970.

S. 69   Migros Genossenschaftsbund, G. Duttweiler-Archiv, Rüschlikon

S. 73   Archiv Charles Linsmayer, Zürich

S. 77   Studienbibliothek: Nachlass Pinkus, Zürich

S. 85   Comet Photo AG, Zürich

S. 97   A.S.L., Actualités Suisses Lausanne

S. 105 Peter Friedli, Télévision Suisse Romande

S. 113 Enzo Regusci, Ascona

S. 117 Wissenschaftshistorische Sammlung ETH Zürich

S. 121 Max Frisch-Archiv ETH Zürich

S. 137 RDB/Ringier Dokumentation Bild, Zürich

S. 145 Hofmann Privatarchiv, Burg

S. 161 Zytglogge Verlag, Gümligen

S. 169 Gertrud Vogler, Zürich

S. 173 A.S.L., Actualités Suisses Lausanne

S. 205 ex-press fotoagentur, Zürich

S. 21, 29, 57, 65, 81, 89, 93, 101, 109, 125, 129, 133, 141, 149, 153, 157, 165,
177, 181, 185, 189, 193, 197, 201, 209: Keystone, Zürich

Autorenfoto: Barbara Hiltbrunner, Altdorf